Le rêve d'une passion

Le rêve d'une passion

Pascale Sautour

Le rêve d'une passion

L'histoire vraie de (nos) chevaux pies Las Benex !

Le rêve d'une passion

Edition : BoD - Books on Demand
12/14 rond-point des Champs Elysées, 75008 Paris
Imprimé par Books on Demand GmbH, Norderstedt, Allemagne
ISBN : 9782322158072
Dépôt légal : juin 2017

Préface

Nous sommes de vrais amateurs mais réellement passionnés de chevaux et de tout ce qui se rapporte au domaine équestre. Ce livre n'a aucune portée didactique ou pédagogique. Son unique ressort est de parler de notre activité et de notre amour pour nos équidés. Une volonté de raconter nos chevaux a muri, la trame s'est déroulée naturellement puis l'histoire a vu le jour. Le schéma narratif s'est construit naturellement. Il nous servira d'aide-mémoire pour nos vieux jours. Cinq ans, déjà, ont passé depuis que nous avons commencé un petit élevage de chevaux pies. Enfin, quand la génétique ne nous octroie pas quelques surprises.

J'ai commencé ma vie de cavalière sur le tard (je devais avoir trente ans) au centre équestre municipal, qui depuis a bien changé et subi bien des péripéties. C'était à la fin des années 90 avec le gentil Floquiland attribué à tous les novices. Mes débuts avec un moniteur, ou soyons juste, instructeur (de la vieille école) reconnu pour ses qualités pédagogiques, sa passion des chevaux, et sa volonté de transmettre ses connaissances à ses élèves cavaliers m'a donné des bases sûres. N'en déplaisent à la gente masculine mais cavalières serait un substantif plus adapté. Oui, ce sport attire davantage les femmes que les hommes. En 2016, 68,2% des cavaliers sont des cavalières.

Les leçons prises régulièrement au centre équestre m'ont permis d'appréhender l'équitation sereinement et en toute confiance. Les premiers temps on commence par une heure hebdomadaire et assez rapidement on passe à deux heures pour monter à cheval et retrouver le petit groupe de cavaliers. Loin d'être une cavalière émérite, j'aime le contact avec nos compagnons équins tant à pieds que sur le plat. J'ai obtenu mon Galop 5 en 2006 et depuis, j'ai également appris beaucoup et apprends toujours en partageant l'existence d'un passionné. Nos amis les plus proches travaillent également dans ce domaine, les échanges et discussions tournent largement autour de thèmes en liaison avec les chevaux et l'équitation.

Christian monte lui aussi à cheval depuis sa plus tendre enfance et cette passion ne l'a jamais quitté. Il a obtenu son galop 7 il y a quelques années maintenant, c'était en 1986. Pendant toute sa jeunesse, il a parcouru les centres équestres de la région, avec l'opportunité d'encadrer de jeunes cavaliers lors de petits boulots de vacances ou en colonies. Dès qu'il en a eu la possibilité, il a acheté sa première jument. C'était en 1998. Celle-ci n'est plus de ce monde depuis plusieurs années suite à une tumeur au cerveau. Christian aujourd'hui ne travaille pour l'instant pas dans ce domaine mais je crois que cela ne lui aurait pas déplu. Les événements font que la vie change pour de bonnes ou de mauvaises raisons ; et il se pourrait bien que son activité professionnelle aussi, à très court terme. Ce sera un mal pour un bien.

Il y a quelques années, j'aimais autant le dressage que l'adrénaline que provoquait le saut d'obstacle. Aujourd'hui, je préfère travailler sur le plat. Christian demeure quant à lui plus attiré par le saut l'obstacle même si, bien sûr, il travaille beaucoup nos chevaux sur le plat. Pour lui, ces étapes sont indispensables pour aborder l'obstacle.

Au cours de ces quelques pages d'écriture, dans lesquelles je n'ai aucune ambition littéraire, je voulais juste tenter de tracer ou retracer l'histoire de nos chevaux. Même si chaque histoire ou expérience individuelle reste unique peut-être que certains s'y retrouveront.

Le rêve d'une passion

AVANT L'ELEVAGE

Le mâle de la tribu:
Ouvatu Du Chêne

Ouvatu, né le 30 mai 2002, bai brun, est le doyen par ordre d'arrivée. Il a posé ses sabots sur le sol Ambazacois de Las Beineix en 2006.

Il vient de Chauvigny, à proximité de Poitiers. Sa propriétaire a été obligée de le vendre. Il arrive que, parfois, pour des raisons financières ou autres contraintes et qui ne demandent aucun jugement, des propriétaires soient obligés de se séparer de leur monture. Ouvatu n'avait que la peau sur les os. Il a fallu du temps pour qu'il reprenne du poids. D'ailleurs, même maintenant, il a une surdose de granulés comparé à ses compagnons et il n'est pas obèse pour autant. Cela lui permet juste de garder son poids de forme. A l'heure actuelle, c'est un cheval bien dans sa tête et dans son corps.

En arrivant chez nous, à Las Beineix, en 2006, une vie nouvelle démarrait pour lui. A l'époque, je n'étais pas présente à leur côté mais depuis, j'ai appris à le connaitre et, aujourd'hui je le monte, le travaille, le bichonne. C'est mon cheval ! Quand Christian l'a acheté, il avait quatre ans et était à peine débourré. On lui avait juste appris les bases. Christian l'a débourré et éduqué.

Cheval respectueux, proche de nous, obéissant en main, il a l'œil vif qui lui donne un air canaille. Monté, comme souvent nos chers équidés, il peut dévoiler sa friponnerie et tester son cavalier.

Je parle en connaissance de cause. D'un naturel fainéant, pour l'espiègle Ouvatu, le solliciter dès la détente et lui faire comprendre qu'il va devoir se mettre au travail est déterminant pour la suite de la séance. Il faut se montrer persuasive. Cela implique d'être concentrée et réfléchie. J'ai bien remarqué, qu'à cheval, je n'avais pas le temps de penser à autre chose, présences physique et morale sont indispensables. Donc, si on lui résiste, si on lui tient tête, il se remet au travail et aborde sérieusement la reprise. Il doit tout le temps être occupé ; par contre, s'il sent une faille, il s'y engouffre et dévoile une âme joueuse. Son tempérament d'adolescent en crise réapparaît.

Il passe partout en balade. Il ose partir en cheval de tête, cela ne pose pas de problème. C'est un cheval gentil et attachant.

Ouvatu n'est sans doute pas un grand athlète mais il a participé avec Christian à quelques concours de sauts d'obstacles sur des épreuves amateurs. Aventures qui lui ont permis de se faire néanmoins plaisir. Même si ce n'était pas toujours le cas, à eux deux, ils ont ramené quelques plaques et flots accrochés dans l'écurie. Une petite récompense fait toujours plaisir et motive pour la participation au concours suivant organisé en Limousin, en Dordogne ou du côté de Vierzon. Pratiquer un sport donne l'occasion de découvrir nos belles régions Françaises.

L'entraînement, la préparation à la maison sont d'ailleurs tout aussi intéressants que les concours, ces derniers peuvent être considérés comme la concrétisation et l'aboutissement des exercices répétés à la maison. Tout comme un élève se prépare méthodologiquement toute l'année pour réussir l'évaluation ou l'examen à la fin de l'année scolaire. Maintenant, Ouvatu a pris sa retraite compétition. Il ne fait plus que du plat et quelques balades. Il a changé de cavalier puisque dorénavant, c'est votre serviteur qui le monte avec beaucoup de plaisir et j'avoue que la compétition ce n'est pas pour moi. Mon coach n'est jamais bien loin pour rectifier le tir et me donner les conseils nécessaires et dont j'ai bien besoin pour évoluer avec ma monture. De plus, ces deux-là ont tissé des liens depuis des années maintenant et se connaissent par cœur. Je vais essayer d'en prendre soin, il a besoin que l'on s'occupe de lui. Il ne supporterait pas qu'on le délaisse.

L'avantage avec l'équitation réside dans la réalité qu'aucune séance de travail n'est identique. D'un jour à l'autre, d'une heure à l'autre, une session d'équitation se passe très différemment. Un jour, on monte à la perfection, une osmose (attention quelle prétention à mon modeste petit niveau, c'est un peu fort, oui mais, j'ai le droit de me faire plaisir…) se crée entre le cavalier et sa monture. Le lendemain, tout est déréglé, on ne sait pas pourquoi. Quelles en sont les raisons ?

Bien sûr que nous les connaissons… Souvent, l'état d'esprit du cavalier influe sur son comportement à cheval qui ressent toutes les sensations, qu'elles soient bonnes ou mauvaises. Le cheval n'est pas obligatoirement non plus toujours dans de bonnes dispositions. Ouvatu, je dois bien le dire ne me fait pas trop de cadeau. En contrepartie, lorsque nous sommes dans de bonnes dispositions tous les deux, monter devient un régal.

Il est indéniable, que c'est l'ensemble de ces paramètres qui nous font particulièrement progresser et nous gardent bien de nous ennuyer.

C'est ainsi, que des périodes de doute peuvent s'installer. Des réactions du cheval inattendues créent une sorte de crainte que je dois tenter de dépasser pour qu'elles ne prennent pas le dessus. Par exemple, comment expliquer que, parfois à une époque, car ce n'est pas ce n'est pas arrivé depuis longtemps, il m'improvise des demi-tours incontrôlés à un endroit précis de la carrière ? Réactions qu'il n'a quasiment jamais avec Christian. Ce dernier me dit qu'à cheval la base c'est d'être persuasif et y croire. Je sais très bien qu'il a raison et que nous transmettons nos émotions au cheval. Le cheval est une éponge à émotions et ressent tout ce que nous lui transmettons. Il faut être plus fort que nos peurs ou que l'humeur du moment. Vite dit ! Ce n'est pas si évident à mettre en pratique. Nous ne sommes pas tous égaux face à ces troubles émotionnels dérangeants. Chacun doit composer avec sa propre personnalité.

Ensuite, qu'est ce qui subsiste ? C'est le plaisir de monter, voir et ressentir que notre cheval montre une réelle écoute, la satisfaction qu'il nous donne tandis que nous partageons les moments de préparations au box. Ces instants que nous passons à dresser nos chevaux sont tout simplement des moments de partage avec notre animal.
Aussi, les instants passés à simplement les gratter, les panser, à rester sans rien faire au pré à côté d'eux, à les regarder brouter sont autant de moments privilégiés qui après une journée fatigante au lycée ou au bureau permettent d'évacuer le stress et de repartir du bon pied.

Ouvatu prend la pose !

Avec Ouvatu j'ai appris à tourner un cheval en longe. Il est le parfait élève pour apprendre car il maîtrise parfaitement les savoir-être et savoir-faire. Tout est déjà acquis. J'ai fait mon apprentissage avec des débuts quelques peu chaotiques. Tenir la longe, la chambrière, faire en sorte que le cheval tourne en rond, obéisse à la voix pour passer d'une allure montante ou descendante qui sont de nombreux paramètres que j'ai dû appliquer avec une aisance digne d'un éléphant dans un magasin de porcelaine. Comme tout s'apprend en pratiquant et en répétant, maintenant je pourrai passer cette épreuve du BPJEPS sans trop de stress en dehors de la réalité que je le tourne sans ma bombe ! Ouvatu est attentif, écoute les ordres même s'il est bien facile pour lui de s'éclater si un petit coup de vent fait frissonner les feuilles des branches d'arbre à proximité.

13

L'essentiel, à mon niveau consiste en réaliser des mouvements et se fixer des objectifs simples avec la recherche d'un aboutissement avec son partenaire à quatre pattes et surtout se faire plaisir.

D'ailleurs, les moments partagés au box ne sont pas à minimiser. C'est une bonne école de la vie, de la connaissance de nos équidés que ces derniers soient en bonne santé ou lorsqu'il y a des problèmes.

Ouvatu, il y a quelques années de cela, avait déclenché une boiterie et un abcès assez grave que personne ne parvenait à soigner. Nous avions dû, bien évidemment le mettre à l'arrêt. Le pauvre souffrait.

Les potions ou autres perfusions du vétérinaire ne venaient pas à bout de cet abcès, les radios du pied ne montraient aucun corps étranger, cela commençait à devenir long de voir souffrir cette pauvre bête. Puis un jour, à force de curage du sabot de nettoyage, est sorti grâce au cure pied un morceau de bois d'au moins cinq centimètres. Satisfaits d'avoir mis fin à ces interminables douleurs et boiteries, nous savions qu'Ouvatu allait pouvoir reprendre une vie normale à nos côtés et au pré sans souffrance.

Avec ses quatorze ans, Ouvatu est en pleine forme et ne demande qu'à être dorloté. Alors que nous travaillons les autres chevaux sur la carrière, il a toujours sa tête posée sur le fil de clôture dans notre direction pour dire « c'est bientôt mon tour ? ». Là j'avoue, j'extrapole ses pensées. Il est le seul mâle de l'écurie et bien qu'il soit hongre, il a gardé son comportement d'étalon. Singulièrement, au printemps, il nous aide bien à repérer quand les juments sont en chaleur.

C'est un cheval adorable avec ses congénères, il n'a pas une once de méchanceté, il va montrer son côté dominant mais sans jamais faire mal, botter ou avoir un geste malencontreux. Il est respectueux de l'homme et des chevaux. Il a besoin d'être entouré.

...Et Salsa

Complicité!

Justement, pour éviter qu'Ouvatu ne s'ennuie au pré il fallait lui trouver une compagnie, Salsa née au printemps 2006 est arrivée aux écuries à l'automne début novembre, à son sevrage. Du haut de ses 10 ans, elle est la compagne, l'amie fidèle, la petite sœur, la colocataire du box, la copine de jeu d'Ouvatu.

Il n'est pas conseillé de laisser un cheval seul au pré il s'ennuie, n'a pas de vie sociale ce qui provoque un comportement inadapté avec l'humain. Notre petite ânesse a emménagé dans sa nouvelle écurie au sevrage. Elle avait six mois. Ouvatu lui a réservé l'accueil qu'elle méritait. Salsa était encore tout bébé, elle cherchait les tétines de sa mère chez Ouvatu qui n'a jamais eu un geste indélicat, n'a jamais cherché à la taper ; il l'a toujours respectée.

Il est une « mère » pour elle. Ils s'entendent à merveilles, sont inséparables et même s'ils ont pris tous les deux de l'âge, ils ne sont pas les derniers pour de bonnes parties de galopades et de jeux au pré. L'hiver, ils partagent leur foin dans le même box. En bref, ils ne se quittent pas, et forment le couple idéal.

Un été, une tentative de débourrage, avec nos jeunes amies Mélanie, Ophélie, et Siléna s'est opérée pour Salsa, qui ne s'est pas montrée très coopérative... Le challenge était de taille. Le résultat n'a pas été réellement concluant. Toutefois, nous n'y avons pas consacré tout le temps qu'il aurait fallu pour obtenir des résultats d'un bon débourrage. Par contre, elle accepte parfaitement le licol, marche en main, ne se débat pas à l'attache. Nous pouvons la doucher sans aucune résistance de sa part et sans prendre de précautions particulières. Elle connaît les initiatives qui lui font du bien et lui apportent du réconfort.

Elle adore le pansage notamment au printemps lorsque l'étrille puis la brosse la débarrassent de ses poils d'hiver bien épais et récalcitrants. Ces massages réguliers nous permettent de garder le contact positif avec notre petite ânesse. Ce débarbouillage fait également la joie des enfants qui nous entourent. Même si elle passe des jours heureux au pré, elle mérite des soins tout autant que les autres.

Notre Salsa demeure la plus exp icite du troupeau. Lorsqu'arrive l'heure de manger, que ce soit le matin ou le soir, elle ne manque pas d'alerter tout le quartier. Pour l'instant, personne ne s'en est plaint.

DES PREMICES DE L'ELEVAGE AUX PREMIERES NAISSANCES

La première « pie » : Indiana

Nous recherchions une poulinière ; la particularité de sa robe est d'être pie, et c'est avec Indiana que nous avons fondé les prémices de « Chevaux Pies Las Benex ». Il fallait enlever les « i », de notre lieu-dit « Las Beineix » car nous étions limités par la place sur les imprimés lors de l'enregistrement des poulains desquels je vous raconterai l'histoire par la suite.

Hiver, février 2009. Bien sûr, Christian, avec sa pugnacité habituelle, a fini par trouver cette jument pour laquelle il a eu un véritable coup de cœur.

Elle se trouvait à Ruffec, en Charente. Vous verrez par la suite que les kilomètres ne nous effraient pas quand il s'agit d'acquérir un cheval.

J'étais sûrement davantage sur la réserve car elle n'avait pas eu de cavalier sur le dos depuis deux ans et je ne suis pas du genre kamikaze. L'intérêt d'acquérir une jument était que, dans un premier temps, je puisse la monter et qu'elle puisse pouliner par la suite. Elle avait déjà pouliné d'un petit alezan. Pourtant, au mois de février, par temps de neige, nous nous sommes rendus en Pays charentais. Christian l'a d'abord essayée, lui a plu. C'est vrai qu'Indiana malgré sa petite taille, 1,56 et des papiers ONC (origine non constatée) ferait rougir bien des chevaux de grand prix.

Lorsqu'elle trotte elle développe un magnifique rebond qui la rend très confortable au trot assis. Il faut dire aussi qu'elle a de l'allure notre première « pie ». Bien tâchée, noire et blanche, elle est également bien proportionnée. Elle fait son petit effet. A mon tour, je l'ai montée, elle avançait bien, semblait prête à m'accepter. Elle me plaisait aussi. Le week-end suivant, nous sommes revenus la chercher et l'avons embarquée. Elle est arrivée chez nous sous la neige et a pris connaissance de ses deux nouveaux compagnons de route Ouvatu et Salsa, notre petite ânesse que vous avez rencontrée dans le chapitre précédent.

Indiana était devenue ma jument. Un brin nerveuse, peureuse à ses heures… en bref, nous étions identiques et allions nous entendre. Elle m'a appris beaucoup car ses démarrages imprévisibles m'ont permis d'améliorer quelque peu mon assiette. Je n'ai pas évité certaines chutes dont mon coccyx se souvient encore actuellement.

Parfois, je suis descendue de cheval découragée car ses réactions me dépassaient mais le plus souvent, quel bonheur lorsqu' après une détente parfois un peu longue, (les chevaux comme les hommes ont des muscles qu'il faut assouplir avant toute activité physique), elle commençait à venir se placer toute seule avec ses allures élégantes au trot et au galop. Le reste était oublié et le sourire revenait.

Attention, ne perdons pas de vue, qu'à l'origine Indiana avait été achetée pour pouliner et démarrer un petit élevage de chevaux pies. Les premières inséminations se sont révélées infructueuses pendant deux ans avec cinq étalons différents. A chaque retour du centre d'insémination local, Les Haras Nationaux de Texonnieras, nous revenions attristés. Voilà, Indiana n'était pas décidée à nous offrir un poulain.

Sur les conseils du responsable du centre d'insémination des haras, il fallut trouver un étalon en monte naturelle. C'est à Châteauroux, aux Haras de la Claise que Dauphin de Savinia, fils de Quito de Baussy, résidait. Il semblait le parfait géniteur pour un de nos futurs poulains. A contrecœur, il faut bien l'avouer, au mois de juillet, Indiana fut transportée jusqu'aux Haras de la Claise pour y résider le temps nécessaire. Il fallait attendre les résultats des échographies, voir si les chaleurs revenaient. Et, Euréka, Indiana avait décidé de nous donner satisfaction. Dauphin, homozygote bai, lui avait plu et Dachachuk, son seul poulain pie, est né.

Le rêve d'une passion

L'inespéré : Dachachuk

Le petit ou la petite (à vrai dire notre préférence va vers les pouliches) devait arriver au mois de juin. Une quinzaine de jours avant l'arrivée du poulain nous avions installé une caméra de surveillance et mis Indiana au box afin de pouvoir la surveiller la nuit. Les nuits sont plus courtes au moment des poulinages. On ne veut rien rater et aussi être présents au cas où il y aurait un problème. Je crois qu'elle a tout mis en œuvre pour nous satisfaire. Au petit matin, un samedi, le 9 juin 2013, à sept heures nous étions donc tous les deux fidèles au poste, présents à la maison. Nous ne voulions pas en perdre une miette. Je le fais remarquer car ce n'est pas forcément toujours les cas. Elle a commencé à montrer les signes d'une mise bas. Elle se regardait les flancs, se couchait, se relevait presque immédiatement. Tout cela correspondait bien à ce nous avions lu dans les livres ou entendu. Nous ne voulions pas commettre d'erreurs qui pourraient être fatales pour la jument ou le poulain, voire les deux. Nous nous étions bien documentés, avions diversifié nos lectures et pris des informations auprès de professionnels. Et oui, il faut bien se renseigner avant pour intervenir au plus vite en cas de problème ainsi que préparer le matériel nécessaire.

En bonne jument, précautionneuse et bienveillante vis-à-vis de ses propriétaires, elle nous a laissés le temps de prendre notre petit déjeuner. Après une toilette de chat nous nous sommes habillés rapidement.

A peine entrés dans le box, Indiana, s'est couchée, relevée aussitôt puis recouchée. Dachachuk est né dans les dix minutes qui ont suivi. Un poulain pie-bai faisait son arrivée aux « Ecuries Las Benex ». Nous avons procédé aux soins d'usage... Rien ne manquait. Quelques jours plus tôt, j'avais préparé dans une cuvette : des compresses, un désinfectant pour nettoyer le nombril du poulain, un biberon pour tirer le lait de la jument au cas où le petit ne téterait pas tout seul – il faut que le poulain tète ou boive le colostrum qui le protégera contre les maladies, le plus tôt possible, idéalement dans les six heures qui suivent sa naissance. Puis, nous les avons laissés tranquilles. Dans l'après-midi, le placenta n'était toujours pas totalement évacué, le vétérinaire est alors venu pour aider la jument à s'en débarrasser pour éviter les infections possibles.

Je garde le souvenir d'un Dachachuk proche de l'homme, affectueux mais indépendant. C'était le premier poulain d'Indiana né chez nous. Nous avons vendu Dachachuk à son sevrage, au mois de novembre à ses six mois. C'est un choix délibéré.

Dachachuk plein de vie!

Ce que je vais dire n'a rien de sentimental et reste très terre à terre, mais nous en avons décidé ainsi car d'abord nous ne possédons pour l'instant pas assez de terrains. Ensuite, c'était un choix dès le départ de cette belle et heureuse aventure.

Je ne parle pas maintenant de la séparation sur laquelle je reviendrai plus tard… Moment toujours éprouvant pour nous, comme pour l'ensemble de l'écurie…

Dachachuk vit maintenant des jours heureux en Charente, tient… il a retrouvé la terre d'origine de sa mère. Le destin conditionne bien les choses parfois.

Je ne cache pas, que le départ d'un poulain constitue un déchirement. Mais, nous l'avons revu au printemps 2014, il avait alors onze mois. Il partageait son pré avec un autre poulain du même âge. Nous a- t-il reconnus ? Je ne crois pas. Mais, le voir en pleine forme, tout en rondeurs … m'a réconfortée… ce n'est, malheureusement, pas toujours le cas ! Une seconde visite fin 2015 ne nous a pas déçue. Il avait été castré à ses deux ans et partageait toujours son pré avec un poulain du même âge ainsi qu'une jeune poulinière. Son débourrage n'avait pas encore commencé mais son propriétaire, avec qui nous sommes en contact régulièrement, l'envisageait au printemps 2016. Le poulain s'est montré bon élève au débourrage. C'est un petit cheval équilibré, qui passe partout.

Nous pensons que lors de notre prochain rendez-vous avec Dachachuk, ce dernier nous montrera de quoi il est capable. De lui avoir offert une vie saine au pré parmi ses congénères et au contact régulier avec l'homme l'orientera sûrement vers une vie de cheval dressé davantage à l'écoute de son maître, et surtout respectueux lors des séances de travail. Nous verrons bien, pourvu que la surprise soit bonne.

Le rêve d'une passion

Une « Alezane » Surprise : Ehawee

Dans notre volonté de développer notre petit élevage de chevaux pies, l'année suivante, notre choix s'est porté sur Stenthor Morinda, étalon pie bai. Avec Indiana, il était convenu qu'un « petit pie » verrait le jour. Bien sûr, la génétique n'est pas une science exacte et en a décidé autrement puisqu'Ehawee s'est montré, bien éveillé, tout fringant, un beau matin, avec son pelage alezan très clair.

Ehawee est arrivé avec deux semaines d'avance en pleine nuit le deux juillet 2014. Comme Indiana n'avait donné aucun signe de mise bas, nous l'avions laissé au pré la nuit.

Comme chaque matin, le rituel au saut du lit est de regarder par la fenêtre pour se délecter de la tranquillité, de la sérénité de nos chevaux au pré et de se lever du bon pied. Au lever du jour, il n'est pas rare de voir se faufiler un renard dans les hautes herbes à l'affut de ses proies. Les chevreuils se sont également un passage dans notre pré. Au début du printemps les chevaux sont toujours un peu inquiets de voir ces intrus investir leur pâture. Assez vite, ils s'habituent les uns aux autres et cohabitent parfaitement.

Ce coup d'œil matinal, journalier, est nécessaire d'une part pour s'assurer que tout va bien, que nos chevaux broutent paisibles au pré, ou attendent à la barrière pour réclamer leurs rations quotidiennes de granulés. Ce matin-là, lorsque je me suis levée, le rituel a été respecté par la cavalerie mais je ne voyais pas Indiana. Elle, si gourmande, n'est jamais la dernière pour déguster sa ration. Je n'étais pas inquiète mais surprise. Puis, je l'ai aperçue, cachée à côté de l'abri, construit l'été précédent, couchée et qui se regardait les flancs.

Rapidement, je me suis habillée prête à la rentrer au box. Un nouveau regard par la fenêtre, et là, un petit animal, très clair me semblait-il de loin tournait autour d'elle. Il était bien réveillé.

Bien entendu, ce jour-là, j'étais seule à la maison au grand désespoir de Christian qui souhaitait être présent pour l'arrivée de nos poulains.
Ses contraintes professionnelles en avaient décidé autrement, et Ehawee est né avec quelques jours d'avance. Au printemps, nous attendons la naissance des poulains avec impatience avec la volonté de partager ces moments tant attendus. Pour Ehawee, c'était une expérience nouvelle pour moi puisque j'ai dû gérer l'événement seule avec la volonté de rester calme et confiante malgré le stress que cela occasionnait.

Il a fallu pailler le box et tout préparer pour accueillir le petit prématuré.
Je suis allée dans le pré, me suis approchée lentement et doucement pour ne pas effrayer la mère et son petit. Je suis arrivée à côté d'elle, Indiana s'est levée et n'a pas cherché à fuir, sûrement épuisée par la mise-bas de la nuit. La jument, en attente de réconfort, s'est laissée attraper. Le petit alezan peu téméraire à mon approche, est resté collé et à proximité de sa mère. Les deux sont rentrés au box gentiment afin que je leur prodigue les soins nécessaires.

26

Du coup, je concède que tout de même, pour me rassurer j'ai appelé « SOS nos amis », amoureux et passionnés de chevaux également, enfin particulièrement, Sylvie et leur fille Mélanie. Ils sont arrivés afin de vérifier que tout allait bien et de me conforter dans le sens où tout danger était écarté et que les fondamentaux en termes de soins avaient été respectés. Cette fois encore, il fallut contacter le vétérinaire à cause du placenta non expulsé. Puis tout est rentré dans l'ordre.

Premières sorties!

Ehawee était, et l'est toujours, selon ses nouveaux propriétaires, un poulain gentil et attachant, comme son frère. Il ne manque pas d'élégance. Néanmoins, petit, il ne manifestait pas de volonté de se faire câliner et approcher de façon systématique à l'inverse de nos autres poulains. Par contre, ce n'était pas un rebelle, il ne bougeait pas à l'attache et se faisait manipuler facilement.

Ehawee, s'il était craintif, ne se souciait pas du tout des clôtures et ne s'embarrassait pas de ce genre de détails. Il ne les respectait absolument pas. Combien de fois a-t-il fallu sortir le soir, ou à la nuit tombée, par une pluie battante, réparer ou refaire la clôture que le cher petit avait nonchalamment détruite, ou en prise à quelques effrois comme tout poulain qui se respecte dès qu'il n'a plus sa maman dans son champ de vision.

La nouvelle demeure d'Ehawee se trouve en Dordogne. Sa propriétaire gère un centre équestre domicilié à St Cyprien à coté de Sarlat La Canéda. A l'origine, Ehawee n'intéressait pas notre visiteuse en provenance de cette belle et attractive région. Elle venait pour Idole, une de nos poulinières. Puis, le feeling est tout de suite passé entre eux. Poulain craintif, elle l'a approché sans difficultés. Le contact s'est établi rapidement. Ehawee l'avait charmée. Nous ne pensions pas qu'il monterait dans le van avec autant de facilité. Il ne s'est pas fait prier. Bien sûr, comme pour tous les poulains ou chevaux qui quittent la maison, j'ai versé quelques larmes.

Nous l'avons revu. Lors de nos sorties week-end ou vacances, nous n'hésitons pas à contacter les propriétaires de « nos » poulains afin de passer les voir. Au mois de mars, nous sommes allés à Sarlat, en Dordogne, un détour s'imposait à St Cyprien. Il allait bien. Ce centre équestre accueille de nombreux adolescents, en majorité des filles, des colonies de vacances. Même si Ehawee n'est pas la mascotte, les adolescentes qui fréquentent les clubs sont toujours attendries et attirées par les poulains qui n'attendent que les câlins et de l'attention.

Nous ne regrettons pas, et savons qu'il se trouve entre de bonnes mains. Là, est le plus important. Ehawee, d'ici deux ans deviendra le cheval de la gérante du club. Depuis, notre visite, il a été castré, cela facilitera la tâche de sa propriétaire afin d'éviter les aléas d'un petit étalon en devenir dans un centre équestre.

La première poulinière arrive en piste :Idole de Souenne

Indiana, jusqu'en 2013, n'avait aucun désir de maternité, Idole de Souenne (SFA née en 1996, Attila III SFA et Orbella II SF) est notre première « vraie » poulinière. Elle vient de Bretagne, plus précisément de l'élevage d'Elphen à Plounévez-du-Faou. Comme je vous le disais, les kilomètres ne nous font pas peur quand il s'agit de chevaux (pour voyager c'est une autre affaire). Il faut bien dire que, finalement, cette activité permet de découvrir de nouvelles régions et de faire malgré tout du tourisme. Nous avons acheté Idole sur photos en 2011 alors qu'elle attendait un poulain par Domino Van Erpekom. Elle nous a permis de faire notre apprentissage d'éleveurs.

A l'époque, nous ne possédions que trois équidés : Ouvatu, Salsa et Indiana par ordre d'arrivée. Il fallait annoncer à la famille, en l'occurrence, nos parents, notre volonté de nous lancer dans cette nouveauté de faire naître et d'avoir des poulains à la maison. Sujet que nous n'avions encore jamais abordé en conseil de famille. C'était tout un événement. Un soir, autour d'un verre improvisé nous leur avons présenté Idole et son poulain en photos. La mise en scène manquait d'originalité. Toutefois, la surprise fut grande mais les réactions contenues. Nos parents ne s'attendaient pas en venant à cet apéritif imprévu à ce qu'on leur annonce l'arrivée non pas d'un mais de deux chevaux supplémentaires. Bohitika, nous aimons l'originalité et donner des noms peu communs voir inusités à nos poulains « Las Benex », fut le premier et le dernier poulain que mon père eut le temps de voir. Quelque part, j'en suis heureuse puisqu'il a assisté au moins aux prémices de notre activité et a vu naître notre projet.

Lui qui était éleveur de bovin, aurait pu éventuellement nous donner quelques conseils, hélas il n'en n'a pas eu le temps. Quant au père de Christian, bien sûr, nos petits quadrupèdes le rendent un peu gâteux. Il faut avouer que lorsqu'un poulain né, tout le monde est sur le pont et en attente.

Mais revenons-en à Idole. Sa robe baie n'a rien d'original. Un signe distinctif qui permet de la reconnaître : sa dépigmentation autour des yeux. Par ses origines moitié pur-sang, moitié selle français, elle est plutôt fine avec une petite tête et une liste blanche. C'est une jument dominante, elle gère le troupeau mène les juments d'un pré à l'autre. Elle fait régner sa loi bien qu'à l'époque elle fut la dernière arrivée et encore aujourd'hui pendant que nous les nourrissons... Mais, elle est facile à manipuler. Elle monte dans le van toute seule.

En règle générale, nous mettons les poulinières ensembles. ... Ceci dit, en vieille routière, elle a bien compris que lorsque nous arrivons avec le licol, elle va rentrer au box et immédiatement, elle fuit. Il faut user de stratagèmes pour pouvoir l'attraper et là pour l'instant nous sommes les plus forts.

Il est vrai que nos poulinières coulent des jours heureux, ont peu de contraintes et vivent au pré quasiment 365 jours sur 365, sauf par grands froids ou pendant la période de mise bas. Certains diront que les chevaux doivent rentrer au box, qu'ils sont demandeurs. Nous pensons qu'à la base le cheval comme d'autres animaux, est un animal sauvage et qu'une grande carcasse comme lui est toujours mieux dans un pré, avec de l'espace que dans un box à l'étroit, à partir du moment où il a de l'ombre et de l'eau pour étancher sa soif.

Nos chevaux passent l'hiver au pré. Tous, petits et grands sont protégés par leur couverture. Nous nous assurons chaque jour de leur bien-être. Comme ils sont à proximité de la maison, si quelque chose dysfonctionne ou nous paraît suspect nous le voyons rapidement.

Ce mode de fonctionnement est le même pour tous nos chevaux : poulinières, chevaux que nous montons, ânesse et poulains. Après, tous restent faciles à manipuler et à gérer y compris au moment de la naissance des poulains dans la mesure où nous sommes proches d'eux. Idole, 19 ans maintenant, est pleine de Ringo et ne mettra pas bas à la maison puisqu'elle a trouvé une nouvelle propriétaire qui va l'emmener à Poitiers. Nous avons rencontré une jeune femme cavalière amateur, décidée, volontaire et qui a bien mûri son projet d'acquérir une jument pour une belle retraite.

Nous lui souhaitons bonne chance dans cette belle aventure et sommes sûrs qu'elle prendra bien soin d'elle et de son poulain qui deviendra par la suite son futur cheval de sport. Cela, hélas c'était avant l'échographie de contrôle. Tout ne s'est pas passé exactement comme prévu. La jeune femme, enseignante, que nous avions rencontrée voulait un cheval d'un certain âge, calme et facile à manipuler. Idole est le parfait exemple. Idole allait normalement mettre bas à la fin du printemps, au début de l'été, ce qui constituait pour la jeune femme un plus. Mais, à l'origine elle ne cherchait pas forcément une jument pleine. Nous étions d'accord sur les conditions. La jeune femme, elle s'était déplacée en train, nous a payé. Nous l'avons ramenée à la gare après une longue discussion, riche de sens et convaincante. Et, nous avons procédé, comme c'est l'usage, à une échographie de contrôle d'Idole. Malheureusement, Idole avait coulé. Nous avons informé la jeune cavalière qui n'a plus souhaité acheter la jument. Nous l'avons remboursée et Idole est restée quelques temps encore avec nous.

Je tenais à conserver ces quelques lignes sur cette « non vente » pour dire que la prudence s'impose, que l'on soit acheteur ou vendeur. La jeune femme nous a fait confiance, un vendeur peu scrupuleux aurait pu garder l'argent (elle avait payé en liquide). Nous ne lui en voulons pas. Mais son discours et sa position quant à la jument nous avait séduits. Elle avait même pris les renseignements pour la transporter. J'espère juste qu'elle a trouvé la jument qui lui correspond.

Maintenant, Idole a bien trouvé de nouveaux propriétaires. Elle est partie le 25 août 2015, pour Lignières, dans le Cher. Elle va poursuivre sa vie de poulinière ailleurs, chez des gens qui souhaitaient commencer un petit élevage. Bonne chance à eux !

L'effrontée : Bohitika

Bohitika, née le 13 mai 2011, ravissante pouliche pie noire est le premier poulain de notre petit élevage. Toutefois, elle n'est pas née chez nous. Elle a vu le jour en Bretagne. En découle probablement son tempérament bien trempé. Le jeu de mot était facile. Nous l'avons achetée in utéro. Ses anciens propriétaires, un élevage de chevaux pies, professionnels donc plus important que le nôtre, les vendaient toutes les deux. Sa mère nous plaisait, le poulain nous plairait. Ses propriétaires nous tenaient au courant de l'évolution de la gestation. Nous eûmes la bonne surprise de voir cette jolie pouliche pie noire typée et expressive en photos.

Idole et Bohitika dans leur pâturage Breton

Un accord était pris avec l'élevage d'Elphen. Nous achetions la mère, la fille et, cerise sur le gâteau, nous faisions également l'acquisition d'un autre poulain d'Idole in utéro par le même père.
Le premier voyage en van s'est déroulé lorsqu'elle avait trois semaines. De toute évidence cela nous inquiétait ! Forcément, puisque le trajet

entre la Bretagne et notre Limousin pouvait être semé d'embuches. Le voyage a été long puisque nous l avons ponctué de plusieurs pauses afin de s'assurer du bien-être et du confort de nos deux passagères. Tout s'est parfaitement déroulé. La mère avait de quoi s'occuper avec le foin dans le filet et la petite pouvait téter si elle le souhaitait ou se coucher sur son matelas caoutchouté tapissé de paille.

La mère et la fille se sont bien intégrées et ont rapidement pris leurs marques. Petite, Bohitika dévoilait déjà une vraie personnalité avec une certaine pugnacité. Elle appréciait les câlins mais trop la chatouiller lui donnait un prétexte pour lever les postérieurs.

L'éducation du poulain commence très tôt. Elle a accepté facilement le licol. L'attache ne s'est pas révélée trop compliquée. Puis, nous lui avons appris à marcher en main, activité toujours sportive aux prémices de l'apprentissage. Bien entendu, les poulains n'aiment pas être contraints, Bohitika n'a pas échappé à la règle. Généralement, les poulains comprennent assez vite, que plus ils tirent, plus ils se trouvent dans une position inconfortable. Du coup, ils se calent eux-mêmes petit à petit. Le cavalier éducateur peut aussi faire les frais de gestes brutaux des poulains. Un jour, alors que Christian tenait Bohitika en longe et voulait la sortir du pré pour la mettre au box afin d'assurer son pansage et son éducation, elle s'est pointée, surprise par un mouvement inattendu. Elle n'avait aucune mauvaise intention mais il s'est retourné au moment où les antérieurs redescendaient. Résultat de l'opération quelques points de suture, et un nez de boxeur pendant quelques jours. Bohitika a laissé des traces, ses traces ! La cicatrice est fermée ! Les maux sont oubliés !

Bohitika a été sevrée à six mois. Nous avions fait le choix de fermer la jument au box et de laisser Bohitika au pré avec Indiana. Tout s'est bien passé. Idole appelait sa fille mais cette dernière, déjà habituée à manger des granulés et en compagnie n'y prêtait guère attention.

Deux ans ont passé, puis à trois ans nous avons pris en main son débourrage. Bohitika, au caractère obstiné depuis son plus jeune âge, s'est beaucoup assagi avec les manipulations à répétition. Nous ne sommes ni pour ni contre l'éthologie, on va dire que nous prenons ce qui nous semble bon pour éduquer au mieux nos poulains, en sachant que tout n'est pas parfait et que tout est perfectible.

Le débourrage s'est passé en douceur. D'abord, le travail en longe s'est imposé. Bohitika répondait parfaitement à la voix et aux ordres au pas, au trot, au galop. Pour elle, visiblement cela ne représentait qu'une simple formalité. Sans tarder, nous lui avons mis un surfaix puis une selle pour l'habituer à la pression de la sangle. Au box, Christian est monté sur elle sans bouger, il fallait qu'elle apprenne à supporter le poids du cavalier. A deux ans, Bohitika avait déjà été initiée au travail en longe et aux sauts en liberté. Un jour, c'était à la fin de l'été, la fille de nos amis, Mélanie, était venue à deux reprises et l'avait montée, longée par Christian ! La première fois fut uniquement concentrée sur le pas.

Désolés pour notre jeune écuyère, mais la deuxième fois, nous lui avons fait goûter le sable de la carrière. Le sol n'était pas trop dur. Et oui, comme tout bon débourrage qui se respecte il fallait que Bohitika fasse un saut de cabri suite à un écart pour que notre petite Mélanie se retrouve par terre.

Ne vous inquiétez-pas, pas de bobos ! Mélanie ne nous en veut pas, enfin je ne crois pas.

Merci Mèl.

Le débourrage doit obligatoirement passer par le travail sur le plat qui est primordial afin de donner au poulain de bons automatismes, de vérifier sa capacité d'écoute. Ensuite, nous avons commencé à exercer la pouliche à l'obstacle. Elle ne se posait pas plus de questions que cela. Je ne dis pas que tout était parfait, elle a fait des écarts, était regardante sur certains obstacles. Tout était normal pour un poulain de trois ans qui découvre sa nouvelle vie.

Pour la familiariser avec d'autres lieux, qu'elle découvre d'autres sites et voit d'autres chevaux, au mois de mai 2014, nous avions décidé de l'emmener au centre équestre à proximité de chez nous. Christian travaillait la pouliche sur la carrière ou dans le manège, pendant ce temps, je montais Ouvatu. La découverte d'autres horizons est essentielle pour permettre une socialisation du poulain en apprentissage et réduire ses craintes en terrain inconnu.

Il ne faut pas oublier qu'au départ, je ne crois pas vous l'avoir déjà dit, mais Bohitika devait commencer sa carrière de cheval d'obstacle en concours, cycle libre jeunes chevaux l'année suivante, au printemps 2015. Enfin, c'est ce qui était prévu. Il fallait donc l'aguerrir à cette perspective future.

En résumé, Bohitika se montrait très bonne élève, lorsqu'un exercice était fait une fois il était acquis ou une barre sautée une fois, il était rare qu'elle fasse un écart ou un pile.

Le débourrage s'est passé sans déboires et nous avons pris beaucoup de plaisir à la travailler. Quant à moi, j'ai beaucoup apprécié la voir apprendre, évoluer, assister à sa réelle bonne volonté de bien faire et de se perfectionner. Je ne l'ai jamais montée. Je n'ai qu'un galop 5, il me semblait bien prématuré et peu judicieux de m'embarquer dans ce jeu périlleux dans lequel j'aurais pu transmettre mes craintes à la pouliche alors qu'elle avait toute confiance en Christian. Mon niveau ne me permettait pas de monter une pouliche juste débourrée. Il me l'avait proposé et avait les arguments pour me persuader mais je restais sur ma décision.

Je le dis avec assurance, Bohitika, au caractère vif petite, s'était transformée, au débourrage voire même bien avant, grâce aux manipulations diverses et variées, en une jeune jument à l'écoute et désireuse de nous impressionner dans le bon sens du terme.

Un inconvénient majeur avec Bohitika résidait dans le fait qu'elle ne toisait que 157 cm et Christian ne se sentait pas trop à l'aise avec elle. Ceci dit, il adorait la monter et la travailler. Le challenge lui convenait.

Entre temps, au mois de décembre, nous avions été contactés par une jeune fille de la région qui désirait acheter une jument pour la mettre au pré. Nous avions faire paraître une annonce sur un site bien connu concernant Idole. Cette personne est venue, a vu Idole et s'est beaucoup intéressée à Bohitika. Elle n'était pas à vendre mais sa petite taille était gênante. La jeune fille, en possession du galop 5, a pris des renseignements sur la pouliche, l'a essayée en longe aux trois allures. Au départ, nous avons plutôt essayé d'orienter sa recherche vers un cheval plus âgé, déjà bien dressé. Elle est revenue la voir et la voulait.

Ah ! Que ce genre de situation est compliqué à assumer. Ne doutez pas de l'attachement que nous éprouvons envers nos chevaux. Pour les raisons évoquées précédemment, (taille inadaptée entre autres) nous lui avons emmenée Bohitika dans un centre équestre à proximité de chez elle. La complicité entre ces deux-là n'a jamais pu se faire. Cette cavalière peu expérimentée s'en est séparée et l'a revendue trois mois après. Nous ne savons pas la teneur de qui s'est passé entre elles ou pas. Elle avait évoqué un problème d'agressivité. Qu'en penser ? La pouliche n'avait jamais montré une once d'agressivité chez nous. Elle était jeune et vive ! Voilà tout !

Cette expérience reste somme toute peu concluante mais formatrice, car elle pourra nous éviter d'autres impairs avec d'autres acheteurs potentiels. Le plus important pour nous est que sa nouvelle propriétaire, localisée dans l'Aveyron nous donne des nouvelles très régulièrement, grâce aux réseaux sociaux dont la pratique et l'utilisation systématiques parfois déroutantes et énervantes peuvent s'avérer utiles dans certains cas. C'est elle qui nous a contactés et nous en sommes ravis.

Nous sommes très heureux de constater que Bohitika a trouvé une cavalière avec qui elle s'entend bien. Elles semblent avoir tissées des liens assez forts pour que le duo évolue positivement. Cette cavalière qui sort en concours de sauts d'obstacles et qui possédait déjà deux autres chevaux m'a l'air désireuse de bien s'en occuper et de poursuivre le travail engagé chez nous.

Un poulain même débourré demande beaucoup d'attention, de présence et d'expérience. Il faut savoir se faire entourer en cas de doute et ne pas laisser le poulain seul au fond de son box sans contact. Ce sont les conseils que nous avions prodigués à la première cavalière, qui voulait je pense bien faire et n'avait pas de mauvaises intentions mais on peut être vite débordée. Ces recommandations n'ont pas suffi pour que s'instaurent entre elles cette connivence, cette complicité et proximité que l'on recherche avec un poulain, qui sera le cheval de plusieurs années.

Pour l'instant, nous avons des nouvelles par photos, messages écrits… mais je ne désespère pas de revoir Bohitika d'ici peu dans son nouvel environnement et avec sa nouvelle cavalière. Notre souhait, serait également, et nous ne désespérons pas, de voir sa progression et son évolution sur ses nouvelles terres, pourquoi pas en concours.

Le rêve d'une passion

La douce : Cahita, un amour de pouliche baie

Après treize longs mois d'attente, Cahita, propre sœur de Bohitika est le premier poulain pur souche Las Beineix. Elle est née chez nous le 15 juin 2012, avec tout de même sept semaines de retard ! Elle a su se faire attendre et nous, nous nous posions quelques questions. Idole est-elle réellement pleine ? N'avait-elle pas avorté sans que nous n'ayons rien remarqué ? Le doute s'était installé… Pour une première expérience du poulinage, je ne vous cache pas notre inquiétude. Idole ne manifestait aucun des signes d'une mise bas proche: pis qui gonfle, mamelles qui cirent, jument qui se regarde les flancs. Pour ne rien rater de cet événement, puisque pour nous, eh bien oui, c'était même L'Evénement, nous avons acheté une caméra de surveillance connectée à l'ordinateur. Nous l'avons installée dans le box pour surveiller la jument la nuit, d'un peu plus près afin d'être capables d'intervenir au cas où un problème surviendrait.

Comme elle devait mettre bas fin avril, nous la rentrions au box tous les soirs. Rien ne se passait. Nous, nous cumulions les heures de réveil. A ce moment de l'année, les heures de sommeil se montraient aléatoires. Cela en devenait presque énervant. Idole sortait au pré tous les matins. Nous voulions être présents. La nature en a décidé autrement… Ni l'un, ni l'autre n'étions là. En notre absence, c'est Maurice, mon beau-père qui vient nourrir les chevaux.

Ce jour-là, comme d'habitude, il est arrivé, a sorti Idole. Pour lui, tout était normal. En tout cas, il n'a rien remarqué de singulier ou de particulier dans le comportement de la jument.

 C'est en fin de matinée, que nos voisins, qui habitent juste en face de chez nous, observaient et voyaient quelque chose dans le pré, un petit animal haut sur pattes, à proximité de la jument qui selon eux ressemblait à un … chevreuil. Ils ont appelé les parents de Christian. Bien sûr, ils sont rapidement et anxieusement montés dans leur voiture. Ils habitent à cinq minutes de chez nous. Lorsqu'ils sont arrivés, ils ont vite compris que le chevreuil n'était rien d'autre que le poulain.

Enfin… la pouliche était née. Idole avait mis bas toute seule, comme une grande, sans spectateur et souhaitait être tranquille pour pouliner. Elle avait choisi une partie du pré, où l'herbe moins bonne et savoureuse à déguster pour les chevaux avait particulièrement poussé, de sorte que la pouliche naisse dans un endroit bien douillet et confortable. Toutes deux avaient eu le temps de faire connaissance. Voilà ! Ce furent les premières heures de Cahita dans le calme avec sa mère. Les heures suivantes devinrent plus animées. Christian rentrait d'un déplacement dans le cadre de son travail, j'étais au lycée de correction de copies d'examen, mois de mai oblige, lorsque nous avons été prévenus. Quand nous sommes arrivés, à quelques minutes d'intervalles, tout le monde était là : nos voisins, ma mère, mes beaux-parents, nos meilleurs amis, (dont je vous ai déjà parlé) qui nous aident beaucoup dans notre activité. Sans eux, pas de foin, pas de rigoles entretenues, pas de paille, pas de sable pour la carrière… D'ailleurs, ce jour-là, bien sûr, ils étaient venus au secours de Maurice pour rentrer Cahita et Idole au box et s'assurer que le colostrum protecteur avait bien était pris. Vous voyez, quand je vous parle d'un événement, j'exagère à peine !

Je n'avais jamais vu de poulain à la naissance. Franchement, je ne vais pas dire que j'étais déçue mais surprise... D'une part, Cahita, la polissonne ne nous avait pas attendus mais surprise supplémentaire, elle était... baie et toute frêle. Elle paraissait tellement fragile ! Quel étonnement de voir ce tout petit corps perché sur ces longues jambes ! La gestation avait été beaucoup plus longue que la normal avec presque treize mois, au lieu des onze mois et onze jours escomptés. Nous nous attendions à la naissance d'un gros poulain.

Cahita au sevrage

Petit à petit, elle a pris du poids s'est révélée être un amour de pouliche. Elle était câline, n'avait aucun travers contrairement à sa sœur si espiègle, qui toute petite avait tendance à être joueuse, à vouloir s'amuser en levant les postérieurs. Heureusement, cela lui avait passé en grandissant.

Comme je vous le disais, l'élevage reste pour nous, pour l'instant, une activité de loisir, nous n'en faisons pas notre métier. Nous disposons de terrains, de prés qui jouxtent la maison mais nous ne pouvons garder tous nos poulains. Faute de place, nous faisons naître nos poulains et si possible au sevrage nous les vendons.

Certains diront que si nous aimions nos chevaux et nos poulains nous ne pourrions pas les vendre... Et, oui c'est un déchirement, lorsqu'ils franchissent le seuil du van, que la porte claque vite et que le van part avec le poulain dont vous vous êtes occupés pendant six mois. Oh oui, c'est un déchirement ! Nous les aimons, et ce que nous souhaitons par-dessus tout c'est de les voir partir dans de bonnes conditions, dans de bonnes maisons ou structures.

Donc, une petite annonce et une première acheteuse s'est manifestée pour Cahita. Elle est venue la voir, lui a plu. Elle possédait déjà des chevaux, elle vivait près de chez nous, cela me rassurait puisque je pourrais voir la pouliche de temps à autre. Nous étions confiants. Malheureusement, tout ne fonctionne pas exactement comme on voudrait... d'ailleurs, Bohitika, la malicieuse, qui était dans le pré avec nous lorsque cette personne est venue voir sa sœur, s'est montrée sous un mauvais jour, peut-être avait-elle quelque chose à nous faire comprendre et qu'elle aurait senti... Christian dirait : « Tu ne peux pas penser à la place des chevaux. Arrête de faire de la psychologie à deux balles». Pourtant, c'est la vérité.

Cahita plaisait à cette personne. Cette dernière, nous l'estimions sérieuse. La petite pouliche est partie avec elle. Nous avons ensuite appris que la pouliche avait été mise en pension dans un petit centre équestre à quelques kilomètres de chez nous. Par curiosité et aussi parce que nous voulions voir ce qu'il en était, nous nous sommes rendus sur ce lieu. Les propriétaires étaient partis en concours, donc nous avons fait le tour des boxes sans trouver Cahita. Une longue marche s'en est suivie pour prospecter tous les paddocks. Enfin, nous l'avons retrouvée. Elle était en compagnie de deux chevaux adultes. Elle était en état. Nous l'avons approchée sans difficultés comme à la maison. A cet instant, j'ai eu un pincement au cœur. Elle n'était pas seule, mais s'en occupait-t-on vraiment ?

Ensuite, nous étions prêts à quitter les lieux quand les propriétaires du centre équestre sont arrivés. Nous avons longuement discuté avec eux et ils nous ont annoncé que Cahita allait partir car elle avait été revendue. Sa propriétaire avait visiblement sous-estimé l'investissement humain, financier de posséder un poulain et n'avait pas d'autre choix que de s'en séparer, déjà, après quelques mois. La décision était sans doute une marque de sagesse dont elle n'avait pas fait preuve en l'acquérant.

Mais Cahita a, depuis, trouvé une nouvelle propriétaire que nous avons retrouvé via les réseaux sociaux. L'actuelle propriétaire, qui ne souhaite pas maintenir de contact, c'est son choix et nous le respectons nous a tout de même informé que Cahita était arrivée chez elle dans la région d'Amiens et nous savons qu'elle est bien traitée. Nous n'avons plus de nouvelles, ce qui est frustrant comme vous pouvez l'imaginer. C'est un des aléas de la vente et de la séparation d'avec nos poulains. Néanmoins, c'est la seule de nos poulains dont nous ignorons tout sur le nouveau parcours depuis qu'elle a quitté la région. Nous avons des nouvelles de tous plus ou moins régulièrement.

Le rêve d'une passion

La plus fière, Daniella alias Goshka

Notre troisième poulinière fait son entrée en scène en novembre 2013. Vous vous souvenez « Chevaux Pies Las Benex », oui mais jusqu'à présent, combien de chevaux pies ? Indiana, Bohitika, Dachachuk. Tous les autres, alezan ou bai. En consultant les petites annonces – Nous sommes toujours à l'affût quand il s'agit des chevaux. Nous avons fait la trouvaille de Daniella, née le 7 avril 2007, issue de l'élevage Goshka. Sur les photos, elle est magnifique. Elle est fière, se déplace à merveilles sur les vidéos. Nous avons contacté les propriétaires. Les réseaux sociaux (encore eux !), les mails... facilitent la communication et les contacts. Du coup, tout va très vite, trop vite aussi parfois ! Nous tombons sur deux femmes, qui gèrent une propriété avec une activité pour le moins diversifiée : élevage de chevaux, de bovins, exploitation forestière... Ces deux-là sont dynamiques et très accueillantes. L'une est anglaise : Kate, l'autre Tina est suédoise.

Goshka, nous l'appelons ainsi car comme vous l'avez vu, nos compagnons à quatre pattes « Chevaux Pies » portent tous des noms à consonance amérindienne et Goshka correspond davantage à l'esprit que Daniella, qui avouons-le, ne nous plaisait pas beaucoup.

Goshka est une fille de Ringo, lui-même étalon pie. C'était décidé. Elle nous convenait, nous irions la chercher le week-end du 11 novembre 2013. Saison parfaite pour un petit séjour en Bretagne, qui nous valut lorsque nous sommes arrivés chez Kate H. et Tina F., dans un petit village au doux nom de Moustéru, et sous une pluie torrentielle, un « Welcome to Brittany ». L'accueil fut chaleureux malgré l'hostilité des éléments.

Nous sommes allés voir notre future jument au pré. Elle gambadait dans l'herbe bien verte avec ses congénères et nous dévoilait ses belles allures.

Goshka est une jument juste débourrée et n'a que très peu eu une selle sur le dos puisque suite à une blessure au postérieur gauche, il lui était difficile de travailler sur le plat en encore moins à l'obstacle. Elle s'est donc transformée en poulinière, activité qu'elle assure d'ailleurs très bien. Elle prend son rôle de mère très à cœur et sérieusement.

Le séjour en Bretagne, même s'il fut de courte durée, nous a donné la chance de visiter un haut lieu touristique : Ploumanac'h bien connu pour ses roches et falaises de granit rose. J'ai adoré cet endroit. Les paysages évoluent en quelques minutes seulement grâce à cette luminosité changeante et cette densité de lumière apportée par le soleil qui joue sans arrêt à cache-cache. C'était simplement magique. Le soir, la mer était déchaînée, nous étions en pleine féérie. Voilà, en bref, les chevaux nous permettent de découvrir et d'explorer des régions et des sites qui nous étaient jusqu'alors inconnus. La Bretagne ne nous a pas déçue, nous nous y attendions, les imperméables ne nous ont pas quittés. C'était un petit aparté touristique qui méritait quelques lignes.

Après la tempête de la nuit, tôt le dimanche matin, nous découvrions les arbres déracinés, couchés au milieu de la route que nous devions emprunter. Heureusement, un autre itinéraire rendait la ferme de Tina et Kate accessible. Aux aurores, nous embarquions Goshka, qui se demandait bien ce qui lui arrivait, et rentrions tranquillement à Ambazac bien accompagnés.

Goshka est une jument proche de l'homme, qui demande beaucoup de tendresse mais qui manque d'éducation inéluctablement car elle a été moins manipulée qu'un cheval monté tous les jours qui a droit à son pansage, sa douche chaque jour avant et après le travail. L'inconnu lui fait peur, comme à de nombreux chevaux d'ailleurs, vous me direz. Mais elle, elle manifeste son stress à l'extrême. Elle n'aime pas la douche même par fortes chaleurs et a une fâcheuse tendance à tirer au renard, à bouger avec le maréchal ferrant. Petit à petit, nous essayons de l'aguerrir à la douche, elle s'habitue et comprend qu'elle ne risque rien.

Il faut se montrer patient avec les chevaux. Ça on l'apprend chaque jour, le cheval est un animal peureux qui demande de la modération et du sang-froid.

Par contre, malgré ses craintes, Goshka est une maman exemplaire. Nous l'avions faite inséminer au printemps après son arrivée chez nous. Une pouliche de Sioux du Godion, étalon pie homozygote sur le gène noir, est née chez nous.

Goshka a été inséminée à nouveau, quelques mois après la mise bas, à plusieurs reprises. Elle ne montre pas de signes de chaleur très francs. Donc, avec le vétérinaire nous naviguons à vue.

La dernière échographie, après les douze jours qui ont suivi l'insémination, s'est révélée négative. Le vétérinaire nous a expliqué qu'il existe une chance sur mille pour qu'un embryon puisse se cacher et se développer.

A l'aube du printemps, Goshka se porte bien. Comme elle vit au pré, nous la rentrons au box régulièrement pour un pansage, retirons sa couverture pour vérifier son état général. Elle est belle, bien en formes mais ne présente pas les rondeurs d'une jument pleine. Ce sera pour l'année prochaine…

La nonchalante Fatinka

C'est notre petite dernière, née le 18 mai 2015. Enfin, pour l'instant et pour l'année 2015. Avec Fatinka, nous avions la quasi-certitude de voir naître un poulain pie. Comme disait Christian : « Ce sera une pouliche », là il avait vu juste. « Elle sera à dominante noire avec quatre balzanes». Lorsque nous nous sommes réveillés, dans la nuit du dimanche au lundi à trois heures du matin, nous avons vu à l'écran un poulain avec la tête blanche et les yeux ornés de grandes lunettes noires et une robe à dominante … blanche. Elle était originale, singulière, elle m'a plu tout de suite. Déjà, elle manifestait une forme de nonchalance. Il ne faudrait pas la brusquer !

Autant les autres poulains s'étaient levés assez rapidement et avaient tétés tout aussi vite et goulûment, Fatinka quant à elle, était plutôt tranquille et n'avait pas envie d'être pressée. Elle ne faisait aucun effort.

51

Il fallut l'aider à se lever, à prendre le pis et presque immédiatement elle tombait et se couchait. D'ailleurs, les deux ou trois premiers jours, elle nous a beaucoup inquiétés car elle peinait à se lever et tenir sur ses longues pattes. Sans doute avait-elle souffert lors de la mise-bas. Elle a vite récupéré et pris les forces pour assurer sa survie et s'alimenter.

Fatinka grandit vite, nous nous attelons à ce que naisse un petit frère ou une petite sœur (à vrai dire ce dernier postulat nous conviendrait mieux) pour l'année prochaine. Nous le savons dores et déjà, Goshka ne le souhaite pas, ce sera pour 2017.

La pouliche est adorable, posée, affectueuse. Elle accepte son petit licol sans difficultés. Elle ne cherche pas en nous, humains que nous sommes, le congénère de jeu que certains poulains tendent à vouloir utiliser pour montrer leur domination.
Chacun doit rester à sa place pour se faire respecter. C'est une vraie douceur. Sa mère lui laisse maintenant beaucoup d'autonomie au pré qu'elles partagent avec Comédie qui est en fait sa demi-sœur par le père. J'en parlerai plus tard puisqu'elle fait l'objet du chapitre suivant.

Découverte de la nature florissante.

Fatinka a commencé ses débuts en longe. D'abord, comme tous nos poulains, nous l'avons attachée dans le box à côté de sa mère. La demoiselle n'a pas apprécié. Après quelques séances (trois ou quatre) de courte durée, elle a fini par comprendre qu'il ne servait à rien de tirer pour se retrouver dans une posture pour le moins déstabilisante. Sa première sortie tenue en longe s'est également montrée délicate. Il faut rester patient. Comme à l'attache, elle ne pensait qu'à tirer même avec sa mère calme à ses côtés, elle ne supportait pas la contrainte. Après quelques sorties, le calme est apparu, elle avait assimilé qu'elle se mettait dans une position délicate toute seule. Nous commençons à déceler son tempérament, elle sera affectueuse mais semblerait assez têtue et obstinée. Nous souhaitons qu'elle nous fasse mentir.

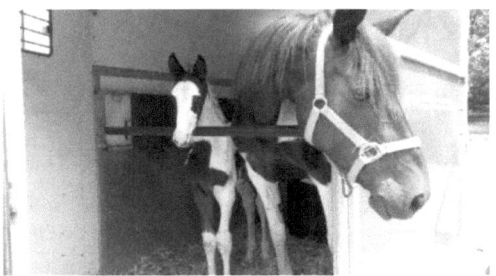

Promenade en van avec maman! Rien de m'affole…

Au sevrage, elle est restée trois semaines au box. Je reconnais que c'est long. Elle n'était pas seule pour autant. Lorsque nous pansions ou que nous préparions Ouvatu et / ou Comédie pour les monter nous les mettions dans le box qui jouxtait le sien. Nous allions aussi la voir très

53

régulièrement et je profitais de ces instants pour la brosser, l'habituer à l'attache et poursuivre son éducation de jeune poulain. Elle était relativement bonne élève.

Puis nous l'avons mise au pré d'abord seule avec Comédie, notre pouliche qui va prendre ses quatre ans. Elles sont restées ainsi toutes les deux pendant à peu près un mois. Nous avons attendu que sa mère soit complètement tarie pour les remettre ensemble car nous ne voulions pas risquer d'avoir à reprendre le sevrage dès le départ.

A l'heure actuelle, elle vit en troupeau avec Comédie et les deux poulinières : sa mère et Indiana. Fatinka est une pouliche gentille, docile mais qui ne montre aucun signe de soumission avec ses congénères qu'ils soient mâles ou femelles. Elle mènerait presque le troupeau. A l'heure du repas, c'est elle qui passe devant et qui donne le tempo. Elle remplacerait presque Idole. Du haut de ses huit mois, elle promet...

Nous avons fait faire des tests à Fatinka. Elle est homozygote pie. Pour la petite histoire, cela signifie que si nous souhaitons la faire reproduire un jour ... ce qui est fort probable... quel que soit notre choix d'étalon, qu'il soit bai, alezan ou autre son poulain sera pie. Petit à petit, les choses se concrétisent et notre rêve devient réalité.

La relève : Comédie fait son show !

« Neige et verglas sont attendus dans le nord et l'ouest de la France. Trente-deux départements au total ont été placés en vigilance orange neige-verglas à partir de la nuit de vendredi 23 janvier à samedi, a indiqué vendredi Météo France, qui a étendu sa vigilance à six nouveaux départements dans l'après-midi. Les départements concernés sont le Nord, le Pas-de-Calais, l'Aisne, l'Oise, la Somme, la Seine-Maritime, l'Eure, l'Eure-et-Loir, le Maine-et-Loire, la Mayenne, l'Orne, la Sarthe, Paris, les Hauts-de-Seine, la Seine-Saint-Denis, le Val-de-Marne, les Yvelines, l'Essonne, le Val-d'Oise, la Seine-et-Marne ainsi que l'Indre-et-Loire, le Loir-et-Cher, le Loiret, la Charente, la Charente-Maritime, les Deux-Sèvres, la Vendée, la Vienne, le Cher, la Dordogne, l'Indre et la Haute-Vienne. ».

Voici les conditions dans lesquelles est arrivée Comédie en Limousin, dans notre petite commune Haut-Viennoise. Elle vient de Bailleul, petite bourgade du Nord-Pas-De-Calais.

Comme pour les autres, nous avons déniché cette pouliche pie baie, âgée de trois ans grâce à un site d'annonces célèbre et pu voir des photos et vidéos via les réseaux sociaux. En définitive, ceux-ci nous sont d'une grande utilité. Chut, il ne faut pas l'ébruiter.

Comédie me plaisait, disons, du profil droit, du profil gauche un peu moins car elle a du blanc dans l'œil. Ceci-dit, avec les explications de sa propriétaire, les photos, les vidéos, Comédie paraissait tendre et sensible, particulièrement proche de l'homme. Pour ses trois ans, elle toisait déjà 164 et était bien charpentée.

Le rêve d'une passion

Elle convenait en taille à son cavalier potentiel, ce qui n'était pas, rappelez-vous, le cas de Bohitika. Cette dernière était bonne élève, son débourrage s'était bien déroulé mais elle manquait de taille, de corpulence et de muscles.

Il fallait aller la voir. Mais Bailleul n'est qu'à six heures de route de chez nous avec 624 kilomètres à parcourir. Christian avait un déplacement dans les coins, il en a alors profité pour s'y rendre. C'était courant janvier. Il est revenu avec des photos et « c'était elle qu'il nous fallait… ».

Effectivement, elle avait des prédispositions pour sauter, en tout cas en liberté. Comédie n'avait jamais été montée. Elle était longée régulièrement et avait juste eu la selle une ou deux fois sur le dos. Par contre, son ancienne propriétaire avait développé un contact fort avec elle. Elle peut vous suivre comme un petit chien, rien qu'à la voix. La pouliche est donc proche de l'homme, affectueuse. C'est l'important à nos yeux. Et surtout, un critère tout autant fondamental à nos yeux, elle est pie. Le week-end du 24 janvier 2015, malgré les bulletins de vigilance neige et verglas sur toute la France, nous partions avec le van chercher Comédie. Je ne suis pas d'un naturel aussi optimiste que Christian et à plusieurs reprises sur le trajet, l'idée de faire demi-tour a été suggérée. Il faisait un froid glacial. L'hôtel où nous avions réservé était… vide. L'accueil, fut, comme partout où nous sommes rendus, très chaleureux. Nous avons trouvé un petit restaurant typique qui proposait des plats Chtis. Nous avons dîné local et c'était parfait. Le lendemain, à cinq heures du matin, nous embarquions Comédie ou plus précisément nous essayions d'embarquer Comédie. Celle-ci ne voulait pas quitter son Nord natal et la séance a duré quelque temps.

Eh oui, Comédie n'était jamais montée dans un van. Nous venions de l'apprendre. Nous sommes allés chercher un poney dans un box de l'écurie, l'avons mis devant la porte avant du van, et à la vue de son congénère Comédie est montée et a cessé de faire de la résistance. Avait-elle probablement senti qu'elle s'éloignait à tout jamais des lieux et personnes qui l'avaient vue naître ? Heureusement pour nous, le subterfuge avait fonctionné, car je crois que nous aurions pu y passer la matinée voire davantage.

Que ce soit sur le trajet aller ou retour, le voyage s'est déroulé dans de parfaites conditions, sans trace de verglas, malgré le froid. La démarche était osée ! Comédie s'est bien comportée. Maintenant, il fallait que nous nous adoptions avec notre petite Chtimi et que nous l'intégrions au troupeau.

Le premier jour, nous avons mis Comédie dans un pré devant la maison pour la surveiller. Même si elle voyait les autres chevaux à proximité, la tentation était trop forte, elle a sauté la clôture afin de s'approcher un peu plus. Comédie avait toujours vécu en box. Chez nous, les chevaux sont au pré munis de leurs couvertures l'hiver jusqu'au printemps. Nous les rentrons au box uniquement en périodes de très grands froids qui se font malheureusement de plus en plus rare avec le réchauffement climatique…

Comédie n'avait pas compris qu'une clôture n'était pas un obstacle à sauter mais une barrière pour éviter justement toute sortie inopinée des paddocks.

Comité d'accueil pour Comédie !

Un étage de ressorts a été ajouté. Le lendemain, nous la mettions avec les poulinières. Du coup, en compagnie, les tentations de s'évader étaient amoindries. La vie est plus douce lorsqu'on est entourée d'amies ! Les premiers mois, Comédie est restée tranquille au pré pour prendre ses marques. Nous l'avons juste mise en liberté dans la carrière pour avoir une idée de ses possibilités. Les barres ne faisaient pas peur à cette petite fille de l'Arc de Triomphe, elle nous montrait généreusement toute sa puissance. Et encore une fois, à la première séance, les clôtures ne lui ont pas résisté, puisqu'elle a enchaîné sans crier gare l'obstacle et la clôture de la carrière. Puis, elle s'est calmée petit à petit.

Elle devait s'adapter à cette nouvelle vie : entourée d'autres chevaux, à vivre en liberté (chose qui ne lui a pas posé de problème), se familiariser avec ses nouveaux propriétaires.

Assez rapidement, trois mois après son arrivée, le débourrage a commencé. Tout s'est fait progressivement. Contrairement à Bohitika, qui n'était pas émotive, Comédie était plus regardante, plus chatouilleuse. Elle avait davantage le caractère capricieux d'une jument.

Je crois que ce n'était pas pour déplaire à son cavalier qui aime bien ce genre de défi.

Le travail en longe n'a pas posé de soucis. Elle s'est habituée aux ordres, à notre voix. Elle aime qu'on s'occupe d'elle, elle avait envie de bien faire. Tout s'est déroulé dans la progressivité, sans précipitation. Elle a d'abord été longée sans aucun artifice, puis se sont ajoutés le surfait, ensuite la selle sans les étriers. Pour couronner la préparation, s'ensuivent les séances avec la selle et les étriers qui tombent et bougent sur les flancs.

D'ici au printemps prochain, le but est de sortir Comédie sur des épreuves jeunes chevaux. L'éducation à monter dans le van est primordial pour que les départs pour les concours ne se fassent pas dans l'excitation le matin. Jusqu'alors nos chevaux ont été habitués à monter seuls dans le van. Comédie devait apprendre à faire pareil. Comme tout n'est que patience, lors des premières séances il fallait attendre que Comédie daigne mettre les antérieurs dans le van. Puis, avec un seau de granulés, les antérieurs sont venus puis les postérieurs. Maintenant, elle monte dans le van comme ses copains. Il ne faut surtout pas brusquer les choses même si parfois, disons la vérité, lorsque le cheval se montre peu coopératif, on aurait tendance à s'agacer. On l'apprend assez vite, cela ne sert à rien de s'énerver puisque de toute façon le cheval est plus fort que nous.

Et puis, il fallut monter sur Comédie. Comme pour Bohitika, nous l'avons habituée au poids du corps et montée dans le box, tranquillement à plusieurs reprises dans le calme. Le moment, de la monter dans la carrière est enfin arrivé. Christian la montait et je la longeais. Aux trois allures, pas, trot, galop elle coopérait.

Après deux ou trois séances comme celle-ci, le travail commençait en longe puis nous la libérions et Christian la montait au pas dans la carrière, puis ont suivi et se sont enchaînées les trois allures. Au début, tandis qu'il demandait le galop, Comédie avec son petit caractère de jument, avait tendance à lever les postérieurs, à faire une ruade qui m'aurait mise par terre en un rien de temps. Finalement, ce petit jeu n'est qu'un mauvais souvenir et n'a pas duré. Maintenant elle est à l'aise aux trois allures sur le plat comme une quasi-professionnelle du dressage.

Quant à ses débuts à l'obstacle, c'est autre chose. On va dire qu'elle était spécialement … regardante et émotive.

Je vous ai parlé d'une jeune jument sensible. Nous y sommes : des écarts sur des barres au sol passées déjà deux ou trois fois, des sauts de pied ferme sur un croisillon. En bref, pas mal de chichis et de tralalas, petit clin d'œil à nos amis, qui s'ils lisent cette prose se reconnaîtront !

Il ne faut pas perdre son sang-froid. Elle fait confiance en son cavalier. Ce qui est le cas, puisqu'après avoir franchi des croix ou des petits droits une fois, voire deux fois, elle y va et ne se pose plus de questions. Mais, ce n'est pas encore gagné pour faire un tour de parcours d'obstacles entier avec dix obstacles à enchaîner. S'il faut tous les lui montrer avant, nous n'avons pas fini d'entendre la cloche et « éliminée ». De toute façon, il n'y a pas d'urgence, pour l'instant, Comédie est en phase d'apprentissage, elle gagne tous les jours en confiance. Il faut lui laisser le temps d'apprendre. Il est savoureux et intéressant de la voir évoluer et progresser de mois en mois.

Lorsque nous avions travaillé Bohitika, nous allions au centre équestre à proximité de chez nous, dans lequel, je vous l'ai dit au début j'ai commencé à monter à cheval, pour la familiariser à d'autres lieux, lui montrer d'autres chevaux, d'autres obstacles, pour l'habituer à d'autres environnements. Pour Comédie, malheureusement, ce ne sera pas le cas, car le centre équestre n'est plus fréquentable, pour le moment, pour des raisons que je n'évoquerai pas ici. De nombreux cavaliers ont quitté les lieux et le centre est en train de péricliter. Du coup, nous emmenons Comédie à une vingtaine de kilomètres de chez nous, aux Ecuries de la Tuilière. En fait, c'est ici que nos juments sont inséminées. La propriétaire des lieux gère cette écurie de propriétaires et est agrée centre d'insémination. Ici, elle dispose de deux carrières, une de dressage, l'autre d'obstacles et d'un manège couvert. C'est l'endroit idéal pour montrer à Comédie les lieux vers lesquels elle devra évoluer dans les prochaines années. Nous l'y avons déjà amené. Bien sûr, elle a été surprise, excitée par la découverte de ce lieu inconnu mais après avoir été longée, une fois le cavalier sur son dos, elle n'a pas bougé et a réalisé sa tâche. Il va de soi qu'elle était davantage sur l'œil qu'à la maison mais pour cette pouliche sensible et qui montre bien ses émotions, c'est un exercice compliqué. Pour l'instant, elle n'a pas sauté ailleurs qu'à la maison. Ce sont les prochaines étapes.

Comédie est une jument gentille, très affectueuse mais particulièrement sensible et craintive. Je le répète car certaines de ses qualités peuvent également se transformer en défauts. Il faut jongler avec ses éléments qui rendent les séances plus compliquées et périlleuses pour le cavalier. Ce dernier apprend à prendre sur lui. Car, oui, nous sommes dans l'éducation, ne l'oublions pas d'un jeune cheval. Aussi, dès qu'elle perçoit un changement sur la carrière à la maison, elle dérobe, tire du côté opposé où il faudrait aller. Par contre, dès que la confiance est acquise, elle franchit les barres sans s'inquiéter de la hauteur. Même sur une barre au sol, par crainte, elle saute presque systématiquement un mètre au-dessus de la barre. Christian a trouvé la formule adaptée : « la demoiselle ne risque pas d'abîmer son vernis. » Malgré ces aléas, il adore cette jument au potentiel exceptionnel sur les barres mais en proie à quelques sensibleries.

Une certaine aisance sur les barres à 3 ans!

J'espère vivement que l'été prochain, par exemple, ou avant, nous pourrons envisager des balades Christian avec Comédie et moi avec Ouvatu. Justement, afin d'habituer Comédie aux bruits de la forêt, nous envisageons des sorties tous les trois. Je ferai en quelque sorte le cheval de tête à VTT ou en courant et Comédie suivrait derrière. Que de projets pour la mettre en confiance ! Finalement, le programme a évolué. Nos amis qui font un peu d'élevage ont un poulain de l'âge de Comédie.

Leur fille Mélanie, vous vous souvenez, du passage avec Bohitika…, est en formation jeunes chevaux.

Elle avait l'habitude de faire faire des promenades en main à son poulain. Nous avons également opté pour cette solution pour aguerrir Comédie à de nouveaux espaces, aux bruits de la forêt… Ce nouvel environnement n'a pas semblé lui déplaire, honnêtement… elle ne s'avérait pas contrariée. Elle regardait autour d'elle, sentait ces nouvelles odeurs jusque-là inconnues.

Par la suite, ces sorties à pied, en main, se sont conclues par des balades avec Ouvatu.

Balade dans notre belle campagne Limousine avec Ouvatu et Comédie!

Nous sommes partis tous les quatre dans les bois et sous-bois de nos magnifiques Monts d'Ambazac. Lors de la toute première balade, nous avons laissé marcher les chevaux au pas. Cette première escapade hors de leur habitat constituait à la fois : une découverte, une exploration, une innovation et une initiation pour Comédie. Que d'objectifs pour une seule séance. Tout s'est bien passé car Ouvatu a bien joué son rôle. Lors de la sortie suivante en extérieur, nous les avons menés aux trois allures. Dans notre campagne Limousine, nous devons cohabiter en forêt avec nos amis randonneurs, coureurs (dont nous faisons partie), conducteurs de quads et autres chasseurs. Les paramètres avec lesquels composer sont nombreux. Ce sont de bonnes expériences tant pour les chevaux que pour nous cavaliers puisque cela nous

apprend à gérer notre stress ou tout du moins à prendre sur soi. Dans ces conditions, où l'imprévisible, facteur d'angoisse peut surgir à tout moment, il vaut mieux « rester zen » pour ne pas effrayer sa monture encore plus. Je l'écris, maintenant, oui je sais, il faut aussi l'appliquer. Vaste sujet de discussions et de polémiques à la maison... Mais, je progresse.

Même pour des chevaux qui vivent au pré partir en extérieur leur donne le moral lorsqu'il s'agit d'une balade. Mais, il est possible de travailler un cheval en dressage à l'extérieur, pour le muscler, le décontracter, le rendre réceptif et réactif. C'est ainsi qu'avait opéré Christian avec Ouvatu pour son débourrage. Quasiment dès le départ, il l'avait emmené en extérieur. Je ne donne surtout pas de leçon, je parle de notre expérience et de notre ressenti.

64

Ça y est, c'est dans la poche! Comédie est allée sauter à plusieurs reprises ailleurs que chez elle. D'abord, aux Ecuries de la Tuilière, lieu qu'elle a déjà fréquenté pour travailler sur le plat. Ici, il y a une variété d'obstacles : oxers, doubles, croix, palanques, que nous avons également à la maison mais colorés, à proximité des paddocks des chevaux de propriétaires. Donc, la demoiselle a de quoi se distraire et s'inquiéter puisque la variété est de mise. Un maître mot : confiance. Elle compte sur son cavalier pour lui dire : « Tu peux y aller, j'y crois, ne me déçois pas ! ». Physiquement, de bons adducteurs et un bon mental sont nécessaires.

Nous l'avons aussi amené dans un petit centre équestre entre St Laurent Les Eglises et St Léonard de Noblat, exactement au Chatenet en Dognon qui est connu pour sa pratique de l'équitation éthologique. Il y règne une atmosphère conviviale et familiale. La carrière est à proximité de la route, comme chez nous, des poneys vont et viennent, s'amusent autour de la barrière. Par contre, pas d'obstacles de couleur ou bariolés. Christian a commencé à détendre la jument puis elle a passé des barres isolées. J'ai monté un petit tour.

Oui oui, j'ai pris du galon, je coache Christian à ma façon… Des talons qui se lèvent, baisser les mains à l'abord de l'obstacle si elles sont trop hautes, monter les barres, remonter l'obstacle en cas de franchissement délicat (c'est rare mais ça arrive…). Lorsqu'Ouvatu sortait en concours, j'avais déjà ce rôle de coach-groom. Sachez que les cavaliers internationaux ne seraient rien sans leurs grooms !

Comédie a tout enchaîné sans regarder. En résumé, un bon travail, dans le calme où cavalier et jument se sont compris et travaillé sereinement. Pourtant, elle ne connaissait pas cet endroit.

Nous la ramènerons sur ces deux lieux ou ailleurs et les exercices accomplis des centaines de fois à la maison pourraient être maintenant reproduits à l'extérieur sur un terrain de concours par exemple d'ici peu, sûrement au début du printemps. Affaire à suivre…

DU CHOIX DES ETALONS AU DEPART DE NOS POULAINS

Vous l'avez vu nous n'avons pas que des poulinières et des poulains. L'équitation au sens large figure parmi nos centres d'intérêts et la vie sans le cheval serait difficile voire impossible.

Au départ cette idée de faire naître des poulains me faisait légèrement peur. Christian le désirait vraiment. En termes d'équitation, il ne prend pas les décisions au hasard. Il connait les chevaux depuis tout petit, moment où il a commencé à monter à cheval vers l'âge de dix ans sans discontinuer jusqu'à aujourd'hui. Nous nous sommes concertés. Je le suivrais donc dans l'aventure et lui faisait confiance. Ses arguments m'ont convaincue. Nous sommes, il est inutile de le préciser, bien entourés d'amis passionnés par les chevaux et éleveurs de bovins. Oui, ici nous vivons dans une région agricole et en terre d'élevage. Je viens moi-même de ce milieu. Mes parents, mes grands-parents étaient agriculteurs, éleveurs et je ne le renierai jamais car ce sont des racines bien ancrées. C'est sans doute inconsciemment un retour aux sources.

Le rêve d'une passion

Le choix des étalons

Bien avant la naissance des poulains, le choix de l'étalon pour les juments n'est pas forcément évident. Notre désir de faire naître des poulains pies facilite la tâche et nous faisait nous orienter davantage sur des étalons pies. Ceux-ci restent d'ailleurs peu nombreux en France. Maintenant que toutes nos poulinières sont pies, l'éventail s'élargit mais gardons à l'esprit que le gêne pie ne se transmet pas automatiquement. Nous avons plusieurs critères de sélection qui se sont étoffés, affinés avec le temps. Au début en tant que novices nous n'avions pas les connaissances et informations dont nous disposons maintenant.

Les critères qui nous intéressent portent sur le caractère, la morphologie, la couleur de la robe et nous regardons aussi avec attention les résultats sportifs des étalons. Voici les éléments. Sans oublier un autre élément important qui est le prix de la saillie. Il convient de jouer avec ces différents facteurs.

Nos recherches pour Indiana nous ont au départ permis de rencontrer des personnalités atypiques comme Chrystel Ribe connue dans l'élevage de chevaux de sport pies qui possède le célèbre Roccossifred, étalon pie bai. Nous avons reçu un bel accueil riche en explications sur le CSO (concours de sauts d'obstacles) et les performances en concours de l'étalon avec vidéos à l'appui. C'est un beau cheval mais Indiana n'ayant pas beaucoup de taille, nous avons pensé que Roccossifred n'aurait pas compensé ce critère car lui-même n'est pas très grand. De ce que nous avons lu, il révèle un tempérament assez chaud.

Pour Indiana, déjà vive, il valait mieux s'orienter vers un étalon au caractère moins tempétueux.

Vous vous souvenez nous avions amené Indiana à Châteauroux, aux Ecuries de la Claise pour la saillie en monte naturelle par Dauphin de Savinia. La première fois où nous nous y sommes rendus, tout comme chez Chrystel Ribe nous avons eu un accueil sympathique. Les propriétaires de l'écurie nous ont présenté plusieurs étalons en main pour que nous puissions les voir se mouvoir, leur gabarit et leur comportement. Notre choix est allé vers Dauphin de Savinia car physiquement il pouvait donner ce la taille aux poulains d'Indiana et son excellent caractère l'ont indéniablement désigné comme le géniteur de notre futur poulain.

Ils étaient bien assortis. Par ailleurs, il est homozygote bai. Ses poulains ne peuvent pas être alezans. Sa carrière d'étalon est terminée, il ne fera plus la monte. Il est à la retraite.

Se déplacer ainsi chez des professionnels est également constructif et formateur puisque cela donne des idées quant à l'amélioration de ses propres installations. Jusqu'alors pour abreuver nos chevaux nos utilisions des poubelles que nous remplissions d'eau régulièrement avec tous les désagréments que cela comprend. Nous avons découvert aux Ecuries de la Claise un modèle d'abreuvoirs à niveau constant. Nous les fixons entre deux paddocks. Ils sont alimentés par des récupérateurs d'eaux. Détail qui a son importance car lorsque les rigoles sont à sec en plein été, les chevaux peuvent s'abreuver quand ils veulent.

Revenons aux étalons, le premier d'entre eux, nous ne l'avons pas vraiment choisi, il s'agit de Domino Van Erpekom. Les chances qu'il produise des poulains pies n'étaient pas garanties puisqu'il n'est pas homozygote.Idole de Souenne était pleine de cet étalon lorsque nous l'avons acquise. Nous avons misé sur le facteur chance qui se révélait minime. Le hasard a bien fait les choses avec Bohitika pie noire. Cahita, propre sœur de Bohitika a, quant à elle, pris la robe de sa mère, la génétique est une science compliquée qui mérite qu'on s'y intéresse.

De présentation d'étalons, en passant par les catalogues que nous recevons maintenant, les rencontres et connaissances des propriétaires de chevaux pies nous avons réussi à monter une liste quasi exhaustive des étalons pies qui ne sont pas si nombreux.

Le Pie et toujours le Pie … Ringo est cet étalon que nous avons vu lorsque nous avons acheté Goshka, sa fille, en Bretagne chez Kate et Tina. Il est pie noir et toise 165 cm, il est homozygote sur ces deux gènes. Sa mère est de la souche de Samber célèbre KWPN qui est à l'origine du gène pie. Ces éléments sont intéressants pour la suite. Nous avons acheté Goshka au sevrage de son précédent poulain, elle était vide, au printemps suivant nous l'avons faite inséminer par Sioux du Godion. C'est un selle français de 171 cm. Il est pie noir, homozygote sur le gène noir. L'alliance Goshka – Sioux du Godion nous a offert un beau cadeau auquel nous ne nous attendions pas puisque Fatinka est homozygote pie.

Nous avions à nouveau fait inséminer Goshka avec la semence de Sioux du Godion. Apparemment, deux fois de suite c'en était trop pour notre fière poulinière. Elle a pris une année sabbatique. Nous avons décelé ses premières chaleurs au mois de février. C'est tôt mais les conditions climatiques influent sur les chaleurs des juments.

Nous attendons le mois de mars pour la première insémination qui fonctionnera nous l'espérons du premier coup. Inchallah !

Pour les étalons suivants, forts de notre petite expérience, les choix se font plus précis. En fonction des caractéristiques physiques et mentales des juments nos critères s'affinent pour aller vers tel étalon plutôt qu'un autre. Tous les deux ans, a lieu une présentation d'étalons à Poitiers. C'est un moment que nous apprécions puisque cet événement permet de revoir les propriétaires d'étalons tels que les écuries de La Claise mais aussi le propriétaire de Dachachuk. La dernière fois, nous avons même retrouvé l'ancien propriétaire d'Inciana. Chacun y va de sa petite histoire sur le cheval vendu ou acheté et de savoir comment évoluent chacun des équidés dont on s'est séparé ou que l'on a acquis. Ainsi, l'histoire continue à travers les anecdotes que tous souhaitons raconter.

Bien entendu, pour nos deux poulinières, Indiana et Goshka, le prochain géniteur sera un étalon pie afin d'essayer de garantir la naissance d'un poulain pie.

Pour l'heure, Indiana en est à son dixième mois de gestation. Elle attend un petit de Sioux du Godion sus cité. Nous sommes impatients de voir ce nouveau-né et surtout la robe qu'il ou elle portera…

De l'insémination aux échographies !

L'initiation se fait avec l'expérience. Après plusieurs poulinages nous nous sommes aguerris à ces deux actes vétérinaires. Ces deux pratiques sont inhérentes la vie des poulinières dans tous les élevages. Ils sont nécessaires pour que toutes les chances possibles soient réunies pour voir naître un poulain l'année suivante.

Lorsque le poulain est né, que l'étalon est choisi, il faut procéder à l'insémination de la jument. Les premières chaleurs, dites de lait, interviennent environ une semaine après la mise-bas. Ensuite le cycle normal repart toutes les trois semaines, c'est là que commence le ballet des va et vient au centre d'insémination. Il faut respecter les dates fixées par le vétérinaire en fonction de l'ovulation présumée mais il n'est pas exclu de faire un, voire des allers-retours, pour rien, car la jument n'est pas prête.

Bien entendu, le poulain de trois semaines fait partie du voyage. L'embarquement dans le van du petit peut-être tumultueux. Soit il suit sa mère sagement ou il se montre peu coopératif. Dans ce cas, il vaut prévoir du temps si on veut arriver en temps et en heure au centre. Généralement, le poulain comprend que rester auprès de sa mère est plus rassurant et moins stressant. Après quelques tentatives infructueuses, tout le monde embarque au départ comme au retour.

Malheureusement, l'insémination ne réussit pas systématiquement du premier coup. J'avoue que nous sommes déçus lorsqu'il en est ainsi mais les bonnes surprises ne sont pas exclues. C'est l'échographie de contrôle des quatorze jours qui va déceler si un embryon se développe dans l'utérus de la jument. Je n'accompagne pas Christian forcément à chaque fois au centre d'insémination. Dans ce cas, il me tient informée du résultat très rapidement par sms. Lorsque je m'y rends avec lui, j'aime regarder l'écran de l'échographe et j'apprécie que le vétérinaire me montre et explique les images peu claires pour un non initié.

Si le résultat est positif, une autre échographie est à réaliser à trente jours après l'insémination. Celle-ci confirme la bonne santé et vérifie le bon fonctionnement du cœur de l'embryon.

Ce sont des moments importants puisque faire de l'élevage n'est pas un choix anodin, ni un caprice occasionnel. Cela fait maintenant partie de notre quotidien tant dans les contraintes que cela occasionne mais aussi dans les plaisirs que cette activité nous procure.

Avant la naissance

A quelques semaines de la naissance, observer le ventre des juments s'arrondir est un plaisir visuel. Toucher les flancs et y poser ses mains pour ressentir le poulain bouger devient un réflexe dès que je vais au pré ou lors de leur manipulation. Jusqu'à présent, je n'ai jamais rien senti. Je ne sais pas si cela est possible ! A contrario, voir le poulain bouger et le ventre se déformer est un moment magique mais assez rare tout de même.

Deux à trois semaines avant la naissance des poulains, la tension commence à monter aux Ecuries Las Benex. Tout comme tous les éleveurs je présume nous sommes pressés de voir les poulains naître. Il s'agit de plusieurs sensations à la fois, un mélange d'impatience, de curiosité voire même d'émotivité.

Normalement, c'est le moment où les mamelles des juments commencent à être bien gonflées, c'est le signe que la jument ne va pas tarder à mettre bas. Nous préparons le box de poulinage et chaque soir la jument bénéficie d'un régime de faveur puisqu'elle rentre pour dormir sur son lit de paille. Nous installons la caméra de surveillance pour davantage de surveillance. Et là, commencent de longues nuits car nous ne voulons pas rater la mise bas. Comme vous l'avez vu dans les chapitres précédents, bien sûr sans parler de Bohitika qui n'est pas née chez nous, sur quatre poulains, deux sont nés sans nous et sans témoins. Comme quoi la nature fait aussi très bien les choses.

Jusqu'à présent, nous avons été chanceux puisque nous n'avons pas eu de mésaventures ou de problèmes graves nécessitant l'intervention du vétérinaire avant ou après les naissances de nos poulains. Ce n'est pas forcément toujours le cas.

Pour le bien-être des juments et afin que nous n'ayons pas à y penser dans l'urgence, nous achetons et faisons le stock de foin avant le poulinage. La jument ne doit manquer de rien en temps normal mais d'autant plus pendant cette période de sa vie où elle va passer une quinzaine de jours enfermée.

La naissance des poulains

La mise-bas se prépare et maintenant je crois que nous sommes au point. Nous sommes de moins en moins angoissés. Malgré tout, cela peut faire sourire mais un mois avant les naissances nous préparons nos ustensiles.

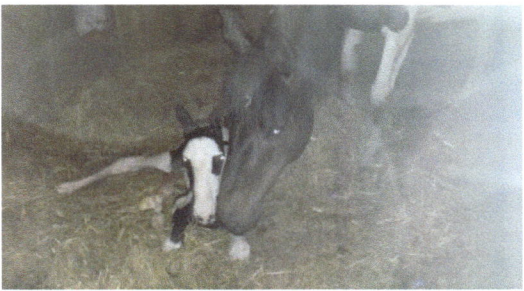

Amour maternel quelques minutes après la naissance.

Une cuvette au cas où il y aurait besoin d'eau lors de la mise bas dans laquelle sont à disposition : Un désinfectant avec des compresses et des gants stériles sont également essentielles notamment pour désinfecter quotidiennement le cordon ombilical du poulain pendant trois, quatre jours.

Un biberon est essentiel car si le poulain ne tète pas, il faut être capable de récupérer le colostrum précieux en trayant la jument, et de le faire prendre au poulain. Cette sécrétion lactée doit impérativement être prise par le poulain dans les six heures qui suivent sa naissance.

Elle possède de nombreuses qualités, la principale étant la transmission des anticorps maternels, garantissant ainsi l'immunité du poulain contre certaines maladies infectieuses. Dès que le cordon ombilical s'est rompu, si le poulain n'y parvient pas, nous l'aidons et le soutenons pour qu'il trouve les tétines et qu'il tète seul. C'est un moment essentiel du début de sa vie puisque la mère doit aussi accepter son petit, elle a besoin de le sentir et de le reconnaître. Cet instant de complicité entre nous tous doit donc se dérouler dans le calme pour le bien-être de tout le monde. Dès sa naissance, nous vaccinons le poulain. Les sérums trivalents et antitétaniques sont stockés dans e frigo. Les agressions de toutes parts commencent pour ce petit être. Il faut bien le protéger contre ce nouvel environnement hostile.

Du microlax ... Et oui, il est souhaitable de surveiller l'expulsion du méconium (premier crottin) dans les premières heures après la naissance. Dans le cas où il ne le ferait pas, nous l'aidons un peu en lui donnant ce petit laxatif...

Enfin, n'oublions pas que la jument a beaucoup travaillé. Dans la panoplie des éléments essentiels à ne pas oublier : les carottes qui constituent un peu de réconfort après les douleurs de la mise bas. Les deux premiers jours, pour éviter les coliques nous ne donnons pas de granulés à la jument. Mais, elle a du foin à volonté dans son box. Nous revenons à son alimentation habituelle dans les deux ou trois jours qui suivent.

Jusqu'à présent, par chance pour elles et pour nous, nos juments n'ont pas eu de complications pré ou post mises-bas. Celles-ci se sont déroulées naturellement sans intervention humaine. Le seul souci auquel nous ayons été confrontés c'est avec Indiana qui, à chaque fois, n'arrive pas à rejeter le placenta. Le vétérinaire implanté à deux pas de chez nous, ne tarde jamais trop à arriver. Il nous a montré comment voir si le placenta rejeté était entier ou pas. Ce que nous savons maintenant vérifier avec nos poulinières.

Le rêve d'une passion

Le sevrage.

Concernant le sevrage plusieurs possibilités existent. Je crois que nous avons à peu près tout testé plus ou moins volontairement. Suite à nos lectures de magazines spécialisés, livres, sites internet dédiés ... nous avons pris ce qu'il nous semblait bon dans chacun de ces moyens d'information.

Nos poulains ont vécu un sevrage assez différent les uns des autres. Bohitika a eu un sevrage en douceur. Nous avons commencé par la séparer de sa mère progressivement. D'abord, nous la mettions dans un autre pré avec un compagnon. Puis, temps de séparation a été plus important jusqu'à la rupture totale. Cette méthode avait bien fonctionné.

Dachachuk n'a pas eu de transition puisque son nouveau propriétaire Charentais l'a emmené le jour de sa séparation avec sa mère.

Pour Cahita et Ehawee, le sevrage a été plus brutal. Cahita a subi un sevrage précoce car sa mère n'avait plus de lait. Ehawee a été sevré à 6 mois. Comme pour Dachachuk, nous avions remarqué qu'il s'éloignait de plus en plus de sa mère qui ne faisait rien pour le rappeler à ses côtés. Les poulains acquièrent ainsi jour après jour davantage d'autonomie et commencent à rompre le cordon ombilical. Nous les avions mis au box dans lequel ils sont restés quelques semaines jusqu'à ce que leur acquéreur respectif vienne les chercher. Nous fermons les portes du box, battant supérieur compris pour ne pas tenter le poulain de sortir et éviter toute tentative de fuite.

Bien entendu, dans ces moments compliqués et traumatisants pour le poulain, nous sommes extrêmement présents et souhaitons agir au mieux pour les poulains. Les poulains font l'objet d'une d'attention toute particulière. C'est aussi le moment privilégié pour rassurer le poulain grâce à notre présence à ses côtés. Cela permet de le panser, de le bouchonner régulièrement, de l'habituer à donner les pieds.

Nous éloignons les mères le plus que nous pouvons mais notre propriété de petite taille ne permet pas un véritable éloignement. Nous les surveillons de près. Bien sûr, elles appellent leur petit pendant trois, quatre jours.

Pour couper le lait, nous ne leur donnons pas leurs rations quotidiennes de granulés pendant une semaine. Les juments peuvent déclencher une mammite, nous veillons également à ce que cela ne se produise pas. Chaque jour nous leur passons du gel à base d'arnica sur les mamelles.

Le sevrage représente une douleur sûrement psychique et physique. Ce n'est un moment agréable, ni pour les poulains qui se voient privés du lait maternel et de la présence de celle qui s'est toujours occupée d'eux jusqu'à cet instant difficile, ni pour leurs mamans dont le petit a été retiré et enlevé. Nous essayons d'atténuer les souffrances physiques autant que nous pouvons.

L'éducation des poulains :
de l'apprentissage du licol
et de la longe au pansage

Nous manipulons nos poulains dès leur naissance. Certains pratiquent « L'imprégnation » qui consiste en frotter le poulain pendant quelques heures dès sa naissance.

Il est particulièrement agréable et émouvant de s'occuper du poulain dès son arrivée. Je pense qu'il assimile de fait nos odeurs et s'habitue ainsi très tôt à notre présence. Nous faisons partie de son nouvel univers terrestre. En revanche, dès les premiers soins apportés et achevés, nous laissons le poulain et sa mère tranquilles car ils ont besoin de faire connaissance et de se retrouver ou se trouver. D'ailleurs, au bout d'un certain moment la mère a tendance à nous faire comprendre que nous devenons gênants. S'il n'y a pas de problème particulier il vaut mieux les laisser dans leur intimité. Il est bien tentant de rester à leur côté pour les observer mais apprenons à devenir sages et juste attentifs. Grâce à la caméra, nous pouvons garder un œil sur le box et surveillons régulièrement nos protégés.

Très tôt, nous apprenons aux poulains les bases de ce qui deviendra leur quotidien dans les mois et années à venir. Dès les premières semaines, nos poulains sont accoutumés à notre présence à l'intérieur et à l'extérieur du box. Ils connaissent et sont sensibles à la voix et au ton que l'on emploie.

Nous leur touchons la tête, les oreilles, le ventre, les membres. Ces gestes doivent devenir familiers et pas subis comme une agression. Tout cela peut paraître anodin mais constitue une importance capitale pour nous du moins, pour l'éducation de nos poulains.

Dans ces moments, nous gardons un œil sur les réactions de la mère qui n'est jamais bien loin. Nos juments nous connaissent bien, elles ne nous ont jamais rejetés, ne se sont jamais montrées opposantes ou violentes à notre encontre.

Nous sommes à contrario extrêmement vigilants lorsque des amis, des enfants, des connaissances viennent voir nos poulains car en présence d' «étrangers» elles se comportent réellement différemment, elles sont davantage sur la défensive et plus réactives. Quoi de plus normal que de protéger son petit ! Le contraire paraîtrait inquiétant !

Pour commencer, notre premier acte « barbare » envers le poulain, après la vaccination, est de l'habituer au licol. Plus, ils sont habitués petits, plus il est facile de le leur mettre. Nous devons rester maîtres et pouvoir les manipuler quel que soit leur âge. C'est une règle de base.

Nous les habituons à lever, donner les pieds. Pour cela, nous leur touchons les membres pour leur faire comprendre qu'il n'y a pas de danger si quelque chose frôle ou effleure leurs antérieurs ou postérieurs en les prévenant toujours, si on les prend par surprise, les poulains réagissent violemment. Les poulains agissent différemment en fonction de leur sensibilité, de leur caractère. Certains ne bougent pas, d'autres ont des réactions plus épidermiques et tendent à se défendre. Il faut être patient et renouveler l'exercice jusqu'à ce que le poulain ait intégré qu'il n'a pas de danger.

Ensuite, on commence à demander les pieds. Le poulain ne comprend pas au début. C'est normal nous sommes dans une phase d'apprentissage. En prenant le pied et en levant. Au début, il faut peu demander et le laisser en l'air quelques secondes puis reposer doucement. C'est encore une fois la régularité de l'exercice qui permettra au poulain d'apprendre. Nous associons l'acte à l'ordre « donne ». Les chevaux sont sensibles à la voix, au ton utilisé.

Pour les habituer à différents bruits ou nuisances sonores désagréables à l'oreille, nous les touchons sur toutes les parties du corps pour leur montrer que ce sont des gestes inoffensifs. Nous prenons des sacs plastiques que nous leur passons autour des oreilles, sur le dos, sous le ventre… Jusqu'à utiliser un pulvérisateur rempli d'eau pour les habituer au bruit du spray. Nous avons la même démarche avec tous.

Le cheval est un animal craintif. Le résultat n'est pas garanti à cent pour cent mais nous avons remarqué que plus les poulains sont habitués petits à ces différentes étapes, plus il sera aisé de les manipuler pour leurs activités à venir voire même éventuellement pour les soigner.

La conduite en longe, je dirais concernant l'éducation des poulains l'apprentissage de la marche en longe est un acte délicat. Lorsqu'ils partent de chez nous, tous ont été manipulés et savent marcher en longe à nos côtés.

Là encore, tout réside dans la communication. Cet exercice est important car il est la base du dressage. Les séances ne durent que quelques minutes au début pour ne pas le braquer. Le poulain comme les enfants ont un temps de concentration limité. Souvent, le poulain se défend jusqu'à ce qu'il comprenne que plus il va se débattre plus ce sera désagréable pour lui… et pour nous.

Il faut répéter les gestes, donner des ordres identiques simples avec le ton de la voix adapté pour parvenir au bout de quelque temps au résultat escompté.

Ici, nous nous partageons le travail. Christian assure les premières séances car le poulain n'est pas toujours coopératif. Puis je prends la relève, en alternance, nous nous y employons tous les deux. C'est un travail d'équipe riche, instructif et digne d'intérêt. Chacun agit avec sa propre sensibilité.

Ehawee et Fatinka, *apprentissage de la longe.*

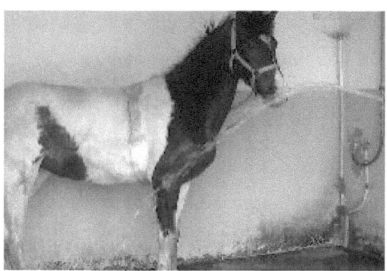

Bohitika à la douche.

Le départ des poulains !

Au commencement de notre élevage, cela me paraissait naturel de faire naitre nos poulains et de ne pas forcément tous les garder. Probablement car mes racines sont bien ancrées dans le milieu agricole. Mes parents étaient agriculteurs, je connais bien le milieu agricole. Aussi, je sais très bien qu'il serait difficile de garder tous les poulains. D'une part car à l'heure actuelle ce n'est pas notre activité professionnelle mais bien amateur. C'est une passion et un loisir. D'autre part car matériellement nous n'avons malheureusement pas les capacités nécessaires pour une extension de cette activité. Les terrains sont rares et ceux qui sont disponibles sont convoités très rapidement par des professionnels, souvent des agriculteurs. Normal, puisqu'ils en ont besoin pour le développement de leur activité.

Malgré tous les paramètres développés ci-dessus lorsque les paroles deviennent des actes, il n'en est pas de même. Lorsqu'un acquéreur se fait connaître et demande à venir voir le poulain ou le cheval, des questions se posent. Quel sera le nouvel environnement de l'animal ? Comment sera-t-il traité ? La majorité des propriétaires de chevaux sont des amoureux du cheval, de la pratique équestre, comme nous. Et je me dis que, si nous achetons un cheval les propriétaires doivent se poser les mêmes questions à notre encontre. En conclusion, il faut faire confiance un tant soit peu en la nature humaine même si de nombreux comportements peuvent nous faire penser le contraire. Bref, encore un autre sujet…

Aussi, le jour de la visite nous sommes partagés entre la satisfaction de voir que des amateurs, ou même des professionnels de l'équitation s'intéressent à nos chevaux et l'envie de jauger, de questionner, de s'interroger afin d'apprendre quel pourrait être le devenir, l'avenir de notre futur ex animal avec lequel nous avons tant partagé, que nous avons observé pendant des heures au quotidien pendant quelques mois ou quelques années.

Le jour du départ, à chaque fois. je me dis que je ne voudrais pas être présente mais encore un paradoxe, finalement j'assiste à toute la scène. La montée dans le van, qui se passe plus ou moins rapidement puis le véhicule qui quitte la cour et qui s'éloigne. Et là, et bien, c'est un peu une déchirure, il faut bien l'avouer, pour tous les deux.

Les éleveurs professionnels font peut-être moins de sentiments. Lorsque l'on fait naître un ou deux poulains la proximité et l'attachement sont sûrement davantage exacerbés.

Finalement, maintenir un contact avec les différents propriétaires nous confortent dans notre démarche puisque nous voyons les poulains grandir et évoluer dans de bonnes conditions pour tous ceux que nous avons revus et que nous suivons grâce aux réseaux sociaux … ne le cachons pas, leur utilisation permanente et systématique a un côté énervant, excédant mais ils présentent un atout non négligeable dans le cadre de certaines activités.

Epilogue

Ces pages d'écriture vont s'achever sur le départ de nos poulains. Ce n'est pas triste, c'est un dénouement heureux car ils nous ont apporté beaucoup de bonheur, de satisfaction. Ils nous ont aussi beaucoup fait rire et émus.

Dans notre relation aux chevaux, nous essayons de tendre vers une confiance mutuelle entre eux et nous. Nos équidés sont tous très différents et nécessitent une attention régulière. Il faut s'adapter au caractère de chacun : rassurer les plus émotifs et ne pas les brusquer, montrer son autorité aux plus affirmés et faire attention la relation dominant, dominé. C'est en cela que l'éducation et le travail avec les chevaux est intéressant puisque différent d'un équidé à un autre. Pareillement, dans le comportement d'un équidé envers le cavalier.

L'élevage, la vie auprès de nos chers compagnons n'est pas un long fleuve tranquille. Nous les aimons, faisons de notre mieux pour nous en occuper quotidiennement.

Je ne me serais pas cru capable d'en arriver là. Je sais que mon émotivité exacerbée, lorsque les chevaux ont des réactions inattendues entrave parfois le travail. Ce sont des leçons de vie. Mais avec le temps, ma connaissance plus approfondie de nos jeunes compagnons je parviens à davantage dominer mes émotions.

Travailler avec les chevaux, c'est aussi prendre sur soi, se remettre en question sans arrêt, savoir rester humble. En résumé, cette pratique et cette activité sont riches d'enseignements et de complicité.

Pour l'heure, Gaagii, le petit poulain « chocolat » d'Indiana est né fin mars. Il est à croquer. Une jeune creusoise et son père n'ont pas pu résister. Ils l'ont adopté au premier coup d'œil.

Maintenant, nous attendons l'arrivée des futurs poulains d'Indiana et de Goshka qui sont en pleine forme au sens propre comme au sens figuré.

Je vous donnerai peut-être des nouvelles de toute la cavalerie dans quelques temps et des nouvelles recrues... Soyez patients... !

Clin d'œil

Last but not least …

Un chat pie noir : notre fidèle et adorable Zoé, témoin oculaire de toutes nos tribulations équestres, prête à bondir inopinément pour se faire remarquer lorsque nous sommes à cheval !

Le rêve d'une passion

Le rêve d'une passion

Point final.

Gaagii fait aujourd'hui le bonheur de sa nouvelle propriétaire, Goshka et Indiana ont toutes les deux avorté et pour la première fois il n'y aura pas de poulain cette année aux écuries Las Benex. Nous avons acheté Elzanne, une jeune ponette pie homozygote, et nous avons donc maintenant quatre poulinières qui nous donnerons, nous l'espérons, les plus beaux poulains du monde en 2018. Pour ma part, ma vie professionnelle a pris un nouveau départ, avec le choix de se consacrer pleinement aux chevaux. Bref, depuis que Pascale a écrit ses dernières lignes, beaucoup de choses ont évolué.

Comme chaque année au printemps, nous avons choisi les étalons qui nous permettrons d'imaginer les futurs poulains, nous choyons nos poulinières et attendons les signes des premières chaleurs qui nous donnerons le signal de début de la saison de monte ; elles sont la source de nos soucis mais aussi celle de nos plus grands plaisirs.

Les incessants aller-retour au haras, les nuits blanches à surveiller une naissance qui n'arrive pas, la déception lorsqu'une jument avorte, l'adrénaline qui monte quand le poulain parait, les discussions sur les choix des étalons, les rêves de voir un jour nos poulains sur les plus grands terrains de concours, de belles rencontres avec les étalonniers, des nouvelles connaissances enrichissantes avec les acheteurs de nos poulains, des anecdotes à l'infini, de belles images des poulains heureux qui gambadent dans les prés, beaucoup de temps passé, beaucoup d'énergie dépensée, des sacrifices financiers importants, quelques moments de tristesses parfois et des envies de renoncement, mais au final toujours la soif de reproduire ces grands moments de bonheur et de plaisir que nous procurent nos chevaux.

Mon rêve de gosse se concrétise un peu plus chaque jour, et je le partage avec celle sans qui cette aventure qui ne pourrait pas exister.

Avec ce témoignage de notre quotidien, j'espère que Pascale vous aura fait partager un peu de notre passion, pour nous la belle histoire continue,

Christian